독하게 파고들자

새로운 유형의 한자 학습서!

한자능력 검정시험

한자 독파! 시리즈

7급 + 7급Ⅱ

인터넷 동영상 강의

>> 인증번호 160304-WNFCSR-IY

본 책에 기록된 인증번호는 동영상 강의용 무료쿠폰입니다.

발행일 2016년 8월 1일 초판 1쇄 인쇄
2016년 8월 5일 초판 1쇄 발행
지은이 김봉환
발행인 송인식
발행처 시스컴 출판사

주소 서울시 금천구 벚꽃로 278, SJ테크노빌 704호 (가산동)
홈페이지 www.siscom.co.kr
E-mail master@siscom.co.kr
전화 02.866.9311
인터넷 강의 안내 02.866.9311(내선 113)
FAX 02.866.9312
등록 제17-269호
판권 시스컴 2016
정가 8,000원
ISBN 979-11-87005-61-2 13710

이 책의 무단 복제, 복사, 전재 행위는 저작권법에 저촉됩니다.
파본은 구입처에서 교환하실 수 있습니다.

◆ 한자능력검정 시험안내 ◆

1 주관 및 시행

- 주관 : (사)한국어문회(☎ 02-1566-1400)
- 시행 : 한국한자능력검정회(www.hanja.re.kr)
- 종류 - 공인급수(공인자격증) : 특급, 특급Ⅱ, 1급, 2급, 3급, 3급Ⅱ
  - 교육급수(민간자격증) : 4급, 4급Ⅱ, 5급, 5급Ⅱ, 6급, 6급Ⅱ, 7급, 7급Ⅱ, 8급

② 접수방법

① 방문접수

1. 응시급수 선택	2. 준비물 확인	3. 원서작성 및 접수	4. 수험표 확인
급수배정을 참고하여, 응시자의 실력에 알맞은 급수를 선택합니다.	• 반명함판사진 2매 (3×4㎝·무배경·탈모) • 급수증 수령주소 • 응시자 주민번호 • 응시자 이름(한글·한자) • 응시료	응시원서를 작성한 후, 접수처에 응시료와 함께 접수합니다.	접수완료 후 받으신 수험표로 수험번호, 수험일시, 응시자를 확인하세요.

③ 인터넷 접수 : www.hangum.re.kr

③ 시험시간

특급, 특급Ⅱ	1급	2급, 3급, 3급Ⅱ	4급, 4급Ⅱ, 5급, 5급Ⅱ, 6급, 6급Ⅱ, 7급, 7급Ⅱ, 8급
100분	90분	60분	50분

- 응시자는 시험 시작 20분 전까지 고사실에 입실하셔야 하며, 동반자는 20분 전까지 고사장 밖으로 퇴장하셔야 합니다.
- 답안작성이 완료된 분은 감독관의 통제에 따라 고사장 밖으로 퇴장해야 하며, 시험 완료까지 고사장 안으로 재입장할 수 없습니다.

④ 급수배정

급수	읽기	쓰기	수준 및 특성
특급	5,978	3,500	국한혼용 고전을 불편 없이 읽고, 연구할 수 있는 수준 고급
특급Ⅱ	4,918	2,355	국한혼용 고전을 불편 없이 읽고, 연구할 수 있는 수준 중급
1급	3,500	2,005	국한혼용 고전을 불편 없이 읽고, 연구할 수 있는 수준 초급
2급	2,355	1,817	상용한자를 활용하는 것은 물론 인명지명용 기초한자 활용 단계
3급	1,817	1,000	고급 상용한자 활용의 중급 단계
3급Ⅱ	1,500	750	고급 상용한자 활용의 초급 단계
4급	1,000	500	중급 상용한자 활용의 고급 단계
4급Ⅱ	750	400	중급 상용한자 활용의 중급 단계
5급	500	300	중급 상용한자 활용의 초급 단계
5급Ⅱ	400	225	중급 상용한자 활용의 초급 단계
6급	300	150	기초 상용한자 활용의 고급 단계
6급Ⅱ	225	50	기초 상용한자 활용의 중급 단계
7급	150	–	기초 상용한자 활용의 초급 단계
7급Ⅱ	100	–	기초 상용한자 활용의 초급 단계
8급	50	–	한자 학습 동기 부여를 위한 급수

- 상위급수 한자는 하위급수 한자를 모두 포함하고 있습니다.
- 쓰기 배정 한자는 한두 급수 아래의 읽기 배정한자이거나 그 범위 내에 있습니다.

• 초등학생은 4급, 중·고등학생은 3급, 대학생은 2급과 1급 취득에 목표를 두고 학습하길 권해 드립니다.

⑤ 검정료

특급 · 특급Ⅱ · 1급	2급 · 3급 · 3급Ⅱ	4급 · 4급Ⅱ · 5급 · 5급Ⅱ · 6급 · 6급Ⅱ · 7급 · 7급Ⅱ · 8급
45,000원	20,000원	15,000원

• 창구접수 검정료는 원서 접수일부터, 마감시까지 해당 접수처 창구에서 받습니다.
• 인터넷으로 접수하실 때 검정료 이외의 별도 수수료가 부과되지 않습니다.

⑥ 출제기준

구분	특급	특급Ⅱ	1급	2급	3급	3급Ⅱ	4급	4급Ⅱ	5급	5급Ⅱ	6급	6급Ⅱ	7급	7급Ⅱ	8급
讀音	45	45	50	45	45	45	32	35	35	35	33	32	32	22	24
訓音	27	27	32	27	27	27	22	22	23	23	22	29	30	30	24
長短音	10	10	10	5	5	5	3	0	0	0	0	0	0	0	0
反意語(相對語)	10	10	10	10	10	10	3	3	3	3	3	2	2	2	0
完成型(成語)	10	10	15	10	10	10	5	5	4	4	3	2	2	2	0
部首	10	10	10	5	5	5	3	3	0	0	0	0	0	0	0
同義語(類義語)	10	10	10	5	5	5	3	3	3	3	2	0	0	0	0
同音異議語	10	10	10	5	5	5	3	3	3	3	2	0	0	0	0
뜻풀이	5	5	10	5	5	5	3	3	3	3	2	2	2	2	0
略字	3	3	3	3	3	3	3	3	3	3	0	0	0	0	0
漢字 쓰기	40	40	40	30	30	30	20	20	20	20	20	10	0	0	0
筆順	0	0	0	0	0	0	0	0	3	3	3	3	2	2	2
漢文	20	20	0	0	0	0	0	0	0	0	0	0	0	0	0
出題問項(計)	200	200	200	150	150	150	100	100	100	100	90	80	70	60	50

※ 출제기준표는 기본지침자료로서, 출제자의 의도에 따라 차이가 있을 수 있습니다.

7 답안지

① 표식 ■은 답안지 인식 기준점으로, 앞·뒷면 귀퉁이에 각각 1개씩 총 8개가 있습니다. 인식 기준점을 훼손하거나, 주변에 낙서를 하면 전산시스템의 답안지 인식 불능으로 0점 처리됩니다.

② 응시자 정보 기재란으로 성명, 수험번호, 생년월일은 반드시 응시원서와 동일하게 작성하셔야 합니다. 성명을 비롯한 모든 항목은 맨 앞 칸부터 띄어쓰기 없이 기재하세요.

③ 반드시 접수하신 해당 고사장에서 지원 급수로 응시하여야 하며, 타 고사장에서 응시하거나, 지원한 급수가 아닌 타 급수로 응시한 경우는 0점 처리됩니다.

④ 답은 답안란에만 작성해야 하며, 답을 고쳐 쓸 경우에는 수정액이나, 수정테이프를 사용하세요. 특히, 응시자가 아동인 경우 답을 밀려 쓰는 일이 없도록 지도하시길 바랍니다.

⑤ 채점란은 모든 문항마다 1검(1차 채점), 2검(2차 채점)으로 구분되어 있으며, 각 단계의 채점 위원이 채점 결과를 표시하는 곳입니다. 답안 작성 시 응시자의 글씨가 채점란으로 침범하면, 전산시스템의 채점 결과 인식 불가로 0점 처리됩니다.

⑥ 감독·채점 확인란은 감독위원, 1차 채점위원, 2차 채점위원, 3차 채점위원의 확인 서명과 더불어, 각 단계 채점 결과 및 점수가 기록됩니다. 이 부분에 낙서를 하거나, 감독위원 서명 누락 등 의심되는 점이 발견되면 채점 시 예외 처리되는 불이익을 받게 됩니다.

8 응시원서

- 해당 지원급수에 V 표하세요. 3급과 3급II, 4급과 4급II, 5급과 5급II, 6급과 6급II, 7급과 7급II는 다른 급수이므로, 해당 지원급수에 정확히 표시하셔야 합니다. 접수마감 후 지원급수는 변경할 수 없습니다.
- 한글과 한자 이름을 첫 칸부터 한 자씩 빈 칸 없이 붙여 쓰세요. 이름이 4자 이상일 경우 점선으로 표시된 칸까지 이용하실 수 있습니다.
- 수험자나, 수험자의 보호자가 상시 연락받을 수 있는 전화번호를 기입하세요.
- 수험자나, 수험자의 보호자의 휴대전화번호를 기입하세요.
- 급수증 기재주소는 한자능력급수증에 등재되는 주소이며, 기재하신 주소로 급수증이 발송됩니다. 수험자의 한자능력급수증 수령 주소를 정확하게 기입해주세요.
- 학생인 경우 학교명에는 학교·학과·학년·반을 기입하시고, 미취학생/일반인/군인은 학교명을 빈 칸으로 두시면 됩니다.
- 접수일자와 지원자 성명을 기입하시고, 날인 또는 서명하세요.
- 지원하신 전국한자능력검정시험 시행회의 시험일을 기재하세요.
- 반명함판 사진(3×4cm/무배경/탈모)을 지원서, 지원표, 수험표에 각각 붙여 주세요. 사진은 6개월 이내의 반명함판 사진을 사용하셔야 합니다. 한자능력급수증에는 원서에 부착된 사진이 인쇄됩니다.
- 수험번호 확인용 참고란 본 칸을 참고하여, 발급된 수험번호가 본인의 지원 급수 수험번호인지 반드시 확인하세요.

9 합격기준

구분	특급·특급Ⅱ·1급	2급·3급·3급Ⅱ	4급·4급Ⅱ·5급·5급Ⅱ	6급	6급Ⅱ·7급·7급Ⅱ			8급
출제문항	200	150	100	90	80	70	60	50
합격문항	160	105	70	63	56	49	42	35

- 특급·특급Ⅱ·1급은 출제문항의 80% 이상, 2급~8급은 70% 이상 득점하면 합격입니다.
- 1문항 당 1점으로 급수별 만점은 출제문항 수이며, 백분율 환산점수를 사용하지 않습니다.
- 합격발표 시 제공되는 점수는 응시급수의 총 출제문항 수와 합격자의 득점 문항 수입니다.

◆ 이 책의 구성과 특징 ◆

7급(7급 Ⅱ포함) 배정한자(150자)

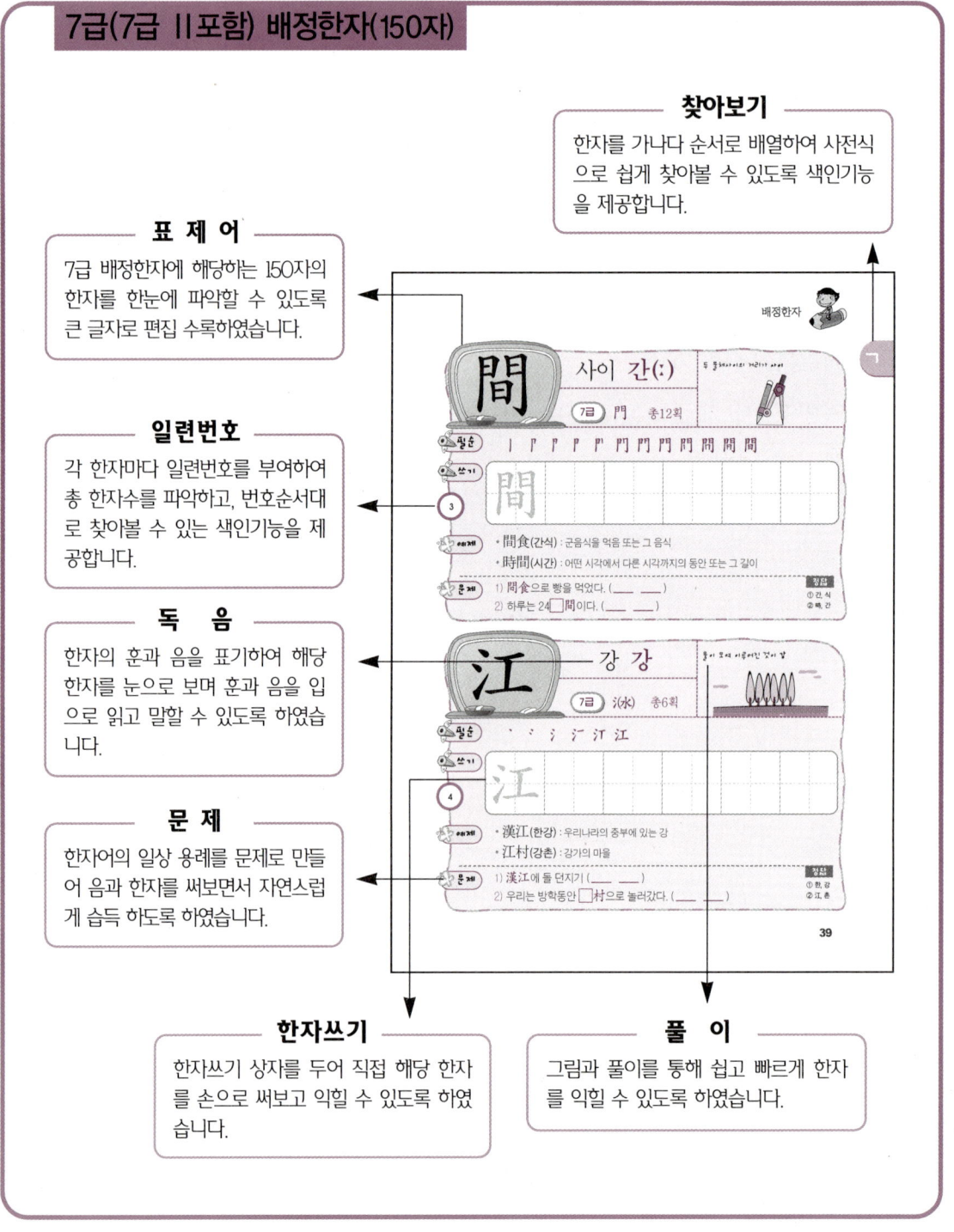

찾아보기
한자를 가나다 순서로 배열하여 사전식으로 쉽게 찾아볼 수 있도록 색인기능을 제공합니다.

표 제 어
7급 배정한자에 해당하는 150자의 한자를 한눈에 파악할 수 있도록 큰 글자로 편집 수록하였습니다.

일련번호
각 한자마다 일련번호를 부여하여 총 한자수를 파악하고, 번호순서대로 찾아볼 수 있는 색인기능을 제공합니다.

독 음
한자의 훈과 음을 표기하여 해당 한자를 눈으로 보며 훈과 음을 입으로 읽고 말할 수 있도록 하였습니다.

문 제
한자어의 일상 용례를 문제로 만들어 음과 한자를 써보면서 자연스럽게 습득 하도록 하였습니다.

한자쓰기
한자쓰기 상자를 두어 직접 해당 한자를 손으로 써보고 익힐 수 있도록 하였습니다.

풀 이
그림과 풀이를 통해 쉽고 빠르게 한자를 익힐 수 있도록 하였습니다.

韓國漢字能力檢定

반의자

찾아보기
가나다 순서로 배열하여 사전식으로 쉽게 찾아볼 수 있도록 색인기능을 제공합니다.

표 제 어
각각의 반대되는 글자로 구성되는 단어의 용례를 표제어로 수록하였습니다.

독 음
표제어를 구성하는 각 반의자의 훈과 음을 표기하여 그 뜻을 쉽게 파악하도록 하였습니다.

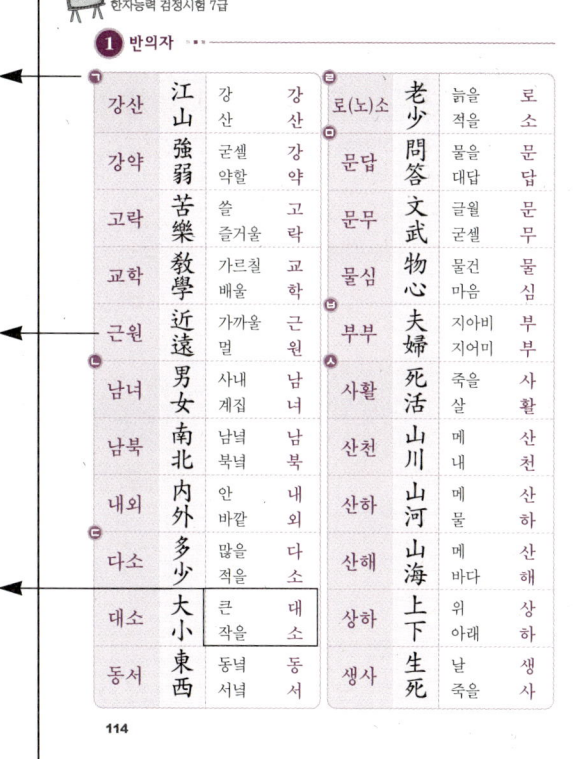

사자성어

일련번호
각 사자성어마다 일련번호를 부여하여 총 사자성어 수를 파악하고, 번호순서대로 찾아볼 수 있는 색인기능을 제공합니다.

표제어
사자성어의 표제어를 큰 글자로 보기쉽게 편집하였으며, 바로 밑에 한글로 그 음을 표기하여 쉽게 읽을 수 있도록 하였습니다.

뜻풀이
사자성어가 담고 있는 뜻을 간략하고 쉽게 풀이하였으며, 유사 사자성어 또는 반대 사자성어도 함께 수록하였습니다.

기출 및 예상문제

(사)한국어문회에서 주관하는 한자능력검정시험에 대비할 수 있도록 철저한 기출문제의 분석을 토대로, 시험에 꼭 나올만한 유사문제와 실제 시험과 비슷한 유형의 문제를 준비하였습니다.

C·O·N·T·E·N·T·S

Part I 한자의 기초
1. 한자의 이해 …………………………… 16
2. 육서(六書) …………………………… 20
3. 부수(部首) …………………………… 25

Part II 한자 익히기
7급(7급 II 포함) 배정한자(150자) ………… 37

Part III 한자 깊이 익히기
1. 반의자 ………………………………… 114
2. 사자성어 ……………………………… 116

Part IV 기출 및 예상문제
7급 제1회 ……………………………… 128
7급 제2회 ……………………………… 133
7급 제3회 ……………………………… 138
정 답 …………………………………… 143

한자의 기초

1. 한자의 이해
2. 육서(六書)
3. 부수(部首)

 한자능력 검정시험 7급(7급Ⅱ 포함)

1. 한자의 이해

(1) 한자의 표현

한자는 사물의 모양을 본떠서 만든 글자이기 때문에 각 글자마다 어떤 뜻을 내포하고 있는 표의문자(表意文字)이다. '日'은 해를 보고 만들어졌는데, 이 글자는 '날(하루)'이라는 뜻을 가지며 '일'이라고 읽는다.

(2) 한자의 3요소

한자는 형(形;모양), 음(音;소리), 의(義;뜻)의 3가지 요소로 만들어져 있다. 즉 뜻이 있어 말로 표현하고 이를 형태로 나타내게 된 것인데, 한자는 이 3가지가 삼위일체(三位一體)로 구성된 문자이다.

1) 모양(形) : 한자와 한자가 각각 시각적으로 구분되는 요소로, 한자가 지니고 있는 자체의 글자 형태이다.

2) 소리(音) : 한자를 읽는 음을 말하며 한자도 1자 1음이 원칙이기는 하나, 우리의 한글과 달리 1자 2음 또는 1자 3음의 예도 있다.

3) 뜻(義) : 한자가 지니고 있는 의미를 말하는데, 한자의 뜻을 우리말로 새긴 것을 훈(勳)이라고 한다.

모양	月	木	人	水	土
소리	월	목	인	수	토
뜻	달	나무	사람	물	흙

(3) 한자의 필순

필순(筆順)이란 한자를 쓰는 순서를 말하는데, 한자를 짜임새 있고 편리하게 쓰기 위해 합리적인 순서를 정한 것이다.

☞ 한자의 필순은 개인이나 국가 또는 그 서체에 따라 달라지는 경우가 있으나, 일반적이고 보편적으로 통용되는 것을 그 기준으로 삼는다.

1) 위에서 아래로 쓴다.

　예 三(석 삼)

　　一 ⇨ 二 ⇨ 三

2) 왼쪽에서 오른쪽으로 쓴다.

　예 川(내 천)

　　丿 ⇨ 川 ⇨ 川

3) 가로와 세로가 겹칠 때는 가로획을 먼저 쓴다.

　예 十(열 십)

　　一 ⇨ 十

4) 좌우 모양이 같을 때는 가운데를 먼저 쓰고 좌, 우순으로 쓴다.

예 小(작을 소)

亅 ⇨ 亅丶 ⇨ 小

예외 火 : 가운데를 나중에 쓴다.

5) 상하로 꿰뚫는 세로획은 맨 나중에 쓴다.

예 中(가운데 중)

丨 ⇨ 冂 ⇨ 口 ⇨ 中

6) 좌우로 꿰뚫는 가로획은 맨 나중에 쓴다.

예 女(계집 녀)

く ⇨ 夂 ⇨ 女

예외 世 : 가로획부터 쓴다.

7) 몸과 안으로 된 글자는 몸을 먼저 쓴다.

예 同(한가지 동)

丨 ⇨ 冂 ⇨ 冂 ⇨ 同 ⇨ 同 ⇨ 同

예외 區 : 우측이 터진 경우는 안을 먼저 쓴다.

8) 삐침과 파임이 교차할 때는 삐침부터 쓴다.

예 人(사람 인)

丿 ⇨ 人

9) 가로획이 길고 왼쪽 삐침이 짧으면 왼쪽 삐침부터 쓴다.
   예 九(아홉 구)
   ノ ⇨ 九

10) 가로획이 짧고 왼쪽 삐침이 길면 가로획부터 쓴다.
    예 力(힘 력)
    フ ⇨ 力

11) 오른쪽 위의 점은 맨 나중에 쓴다.
    예 犬(개 견)
    一 ⇨ ナ ⇨ 大 ⇨ 犬

12) 책받침류 중 '走'나 '是'는 먼저 쓴다.
    예 起(일어날 기)
    十 ⇨ 土 ⇨ 耂 ⇨ 走 ⇨ 起

    예 題(표제 제)
    日 ⇨ 旱 ⇨ 是 ⇨ 題 ⇨ 題

13) 책받침류 중 '辶'나 '廴'은 나중에 쓴다.
    예 道(길 도)
    丶 ⇨ 䒑 ⇨ 䒑 ⇨ 首 ⇨ 道

    예 建(세울 건)
    フ ⇨ ヨ ⇨ ヨ ⇨ 彐 ⇨ 聿 ⇨ 建

2. 육서(六書)

(1) 의의

한자가 만들어진 원리나 짜임새에 대한 이론을 육서라고 하는데, 상형(象形), 지사(指事), 회의(會意), 형성(形聲), 전주(轉注), 가차(假借)의 6가지로 분류된다.

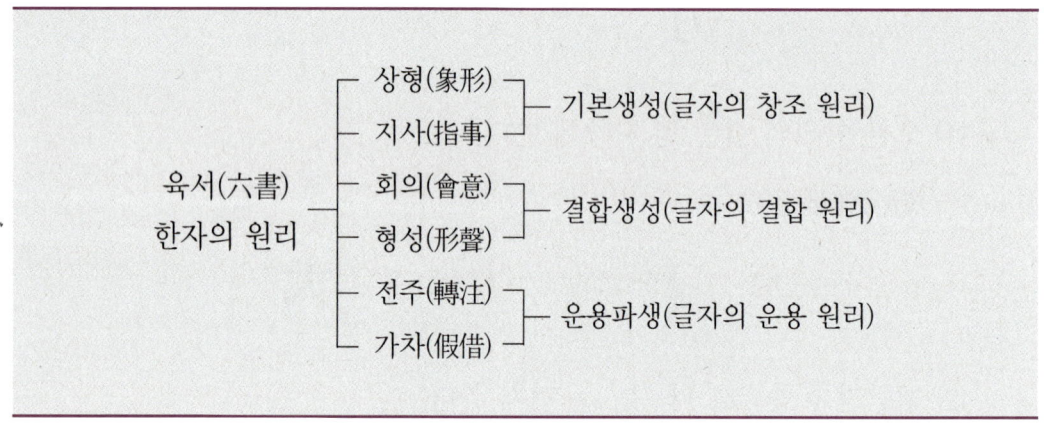

☞ 육서(六書)는 후한(後漢)의 허신(許慎)이라는 사람이 그 당시 사용하던 9,353자의 구성원칙을 밝히고 한 글자 한 글자의 풀이를 해 놓은 『설문해자(說文解字)』란 저서에서 비롯되었다.

(2) 분류

1) 상형문자(象形文字) : 구체적인 사물의 모양을 본떠서 만든 문자

한자가 만들어지는 가장 기본적인 원리로, 눈에 보이는 구체적인 사물의 모양을 있는 그대로 본떠 형상화하여 만든 문자이다.

예 日, 月, 山, 人, 川, 木, 水, 雨, 手, 足, 目, 首, 魚, 馬, 鳥

둥근 해의 모양을 본떠 만들었다.   날 일

초승달의 모양을 본떠 만들었다.   달 월

구름에서 떨어지는 빗방울의 모양을 본떠 만들었다.   비 우

2) 지사문자(指事文字) : 추상적인 뜻을 점이나 선으로 표시한 문자

마음속의 생각이나 뜻 또는 위치나 동작 등 눈에 보이지 않는 추상적인 개념을 구체적인 부호나 도형으로 표시한 문자이다.

예 一, 二, 三, 四, 七, 八, 久, 上, 中, 下, 本, 末, 寸, 丹

나뭇가지 하나를 늘어놓아 '하나'를 뜻한다.   한 일

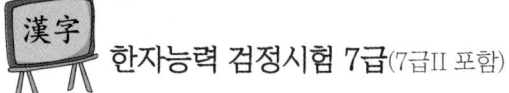

나뭇가지 네 개를 늘어놓아 '넷'을 뜻하며 나중에 모양이 변했다. 넉 사

선 위에 물체가 있는 모양으로 'ニ'와 구별하기 위해 모양이 변했다. 위 상

3) 회의문자(會意文字) : 두 개 이상의 글자를 그 뜻으로 합쳐 새로운 뜻으로 만든 글자

이미 만들어진 상형문자나 지사문자를 둘 이상 그 뜻으로 모아 처음의 두 글자와는 다른 새로운 뜻을 나타내는 문자이다.

예 明, 信, 男, 好, 林, 休, 孝, 孫, 軍, 伐, 位, 安, 守

> ▶ 日(일) + 月(월) = 明(명) : 해와 달이 합쳐 밝다는 뜻
> ▶ 木(목) + 木(목) = 林(림) : 나무와 나무가 합쳐 수풀을 이룬다는 뜻
> ▶ 女(녀) + 子(자) = 好(호) : 여자와 남자가 만나니 좋다는 뜻
> ▶ 人(인) + 木(목) = 休(휴) : 나무 옆에 사람이 쉬고 있으니 휴식한다는 뜻

4) 형성문자(形聲文字) : 뜻 부분과 음 부분의 결합으로 만든 문자

이미 만들어진 상형문자나 지사문자를 둘 이상 결합하되, 한 자는 그 뜻을 그리고 다른 한 자는 그 음을 모아 처음의 두 글자와는 다른 새로운 뜻을 나타내는 문자이다.

육서(六書)

예 記, 期, 問, 聞, 洋, 忠, 江, 村, 和, 談, 論, 漁, 味, 固, 城, 誠

- ▶ 門(문 문 : 음) + 口(입 구 : 뜻) = 問(물을 문)
- ▶ 中(가운데 중 → 충 : 음) + 心(마음 심 : 뜻) = 忠(충성 충)
- ▶ 工(장인 공 → 강 : 음) + 水(물 수 : 뜻) = 江(강 강)
- ▶ 口(입 구 : 뜻) + 未(아닐 미 : 음) = 味(맛 미)

5) 전주문자(轉注文字) : 이미 만들어진 문자를 가지고 유추하여 다른 뜻으로 쓰는 문자

이미 만들어진 문자의 뜻을 이용하여 다른 뜻으로 굴리고[轉] 끌어대어[注] 쓰게 된 문자로, 기존 글자의 원 뜻이 유추·확대·변화되어 새로운 뜻으로 바꾸어 쓰는 문자이다.

① 뜻이 바뀌는 경우

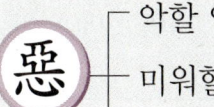
- 악할 악   예 惡鬼(악귀), 惡習(악습), 惡質(악질)
- 미워할 오 예 憎惡(증오), 惡寒(오한)
- 부끄러워할 오 예 羞惡之心(수오지심)

② 뜻과 소리가 바뀌는 경우

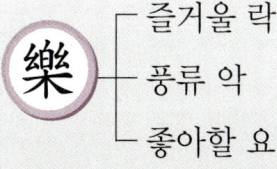
- 즐거울 락 예 快樂(쾌락), 苦樂(고락), 樂天主義(낙천주의)
- 풍류 악   예 音樂(음악), 樂曲(악곡), 軍樂隊(군악대)
- 좋아할 요 예 仁者樂山(인자요산), 智者樂水(지자요수)

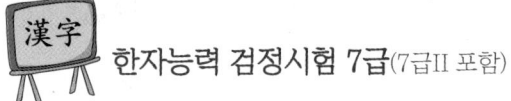
한자능력 검정시험 7급(7급II 포함)

6) 가차문자(假借文字) : 이미 있는 글자의 뜻에 관계없이 음이나 형태를 빌려다 쓰는 문자

본래 글자는 없이 소리만 존재하는 것을 소리가 같거나 비슷한 글자를 대신 쓰는 것으로, 의성어·의태어 특히 외래어의 쓰임에 사용되는 문자이다.

- ▶ 당당하다 ⇨ 堂堂하다
- ▶ Coca Cola ⇨ 可口可樂[커코커러]
- ▶ Coffee ⇨ 가배[咖啡]
- ▶ 닭의 울음소리 ⇨ 동천홍(東天紅)
- ▶ 부다(Buddha) ⇨ 불타(佛陀)
- ▶ 예수(Jesus) ⇨ 야소(耶蘇)
- ▶ 크라이스트(Christ) ⇨ 그리스도 ⇨ 기독(基督)
- ▶ 달러(Dollar) ⇨ 불(弗)
- ▶ 아시아(Asia) ⇨ 아세아(亞細亞)
- ▶ 인디아(India) ⇨ 인도(印度)
- ▶ 프랑스(France) ⇨ 법랑서(法朗西) ⇨ 법국(法國) ⇨ 불란서(佛蘭西)
- ▶ 잉글랜드(England) ⇨ 영격란국(英格蘭國) ⇨ 영길리(英吉利) ⇨ 영국(英國)

부수(部首)

3. 부수(部首)

(1) 부수의 위치와 명칭

☞ 부수란 옥편이나 자전에서 한자를 찾는데 필요한 길잡이가 되는 글자로서, 소리글자인 한글의 자모나 영어의 알파벳에 해당된다.

① 변(邊)
부수가 글자의 왼쪽에 있는 경우

人(亻)	사람 인(사람인변)	仁(어질 인), 仙(신선 선), 休(쉴 휴), 作(지을 작)
水(氵)	물 수(삼수변)	江(강 강), 波(물결 파), 海(바다 해), 淸(맑을 청)
手(扌)	손 수(재방변)	招(부를 초), 持(가질 지), 指(가리킬 지), 授(줄 수)
言	말씀 언	記(기록할 기), 訓(가르칠 훈), 詐(속일 사) 訴(하소연할 소)

② 방(傍)
부수가 글자의 오른쪽에 있는 경우

刀(刂)	칼 도(선칼도방)	列(벌일 렬), 刑(형벌 형), 判(판단할 판), 到(이를 도)
卩	병부 절	卯(토끼 묘), 印(도장 인), 卵(알 란), 卽(곧 즉)
欠	하품 흠	次(버금 차), 欲(하고자할 욕), 欺(속일 기), 歎(읊을 탄)
頁	머리 혈	須(모름지기 수), 順(순할 순), 項(항목 항), 頭(머리 두)

25

③ 머리(冠;관)
부수가 글자의 위에 있는 경우

宀	집 면, 갓머리	守(지킬 수), 安(편안할 안), 家(집 가), 實(열매 실)
艸(艹)	풀 초(초두머리)	花(꽃 화), 英(꽃부리 영), 菊(국화 국), 落(떨어질 락)
竹	대 죽	第(차례 제), 答(대답할 답), 筆(붓 필), 算(셀 산)
雨	비 우	雪(눈 설), 雲(구름 운), 霜(서리 상), 露(이슬 로)

④ 발(脚;각)
부수가 글자의 아래에 있는 경우

儿	어진사람 인	元(으뜸 원), 兄(맏 형), 先(먼저 선), 兒(아이 아)
火(灬)	불 화(연화발)	無(없을 무), 然(그러할 연), 照(비출 조), 熱(더울 열)
心	마음 심	忠(충성 충), 思(생각할 사), 恩(은혜 은), 意(뜻 의)
皿	그릇 명	益(더할 익), 盛(성할 성), 監(볼 감), 盡(다할 진)

☞ 心은 性(성품 성), 恨(원통할 한), 悟(깨달을 오), 情(뜻 정) 등에서는 忄(심방변)으로도 사용되므로, 부수자는 경우에 따라서는 다른 위치에서 사용될 수 있다.

부수(部首)

5  엄(广)
부수가 글자의 위와 왼쪽에 걸쳐 있는 경우

厂	굴바위 엄, 민엄호	厄(액 액), 厚(두터울 후), 原(근원 원), 厭(싫을 염)
广	집 엄, 엄호	床(상 상), 店(가게 점), 度(법도 도), 廣(넓을 광)
尸	주검 시	尺(자 척), 尾(꼬리 미), 居(살 거), 展(펼 전)
虍	범 호	虎(범 호), 虐(사나울 학), 處(곳 처), 虛(빌 허)

6  받침(繞;요)
부수가 글자의 왼쪽과 아래에 걸쳐있는 경우

廴	길게걸을 인, 민책받침	延(늘일 연), 廷(조정 정), 建(세울 건), 廻(돌 회)
辵(辶)	쉬엄쉬엄갈 착(책받침)	近(가까울 근), 迎(맞이할 영), 送(보낼 송) 追(쫓을 추)
走	달릴 주	起(일어날 기), 越(넘을 월), 超(뛰어넘을 초) 趣(뜻 취)

☞ 쉬엄쉬엄갈 착(책받침)은 서체의 모양에 따라 '辶' 또는 '辶'로 쓸 수 있으며, '辶'은 틀린 모양입니다.

7 몸(構;구)

부수가 글자를 둘러싸고 있는 경우

匸	감출 혜, 터진에운담	匸(감출 혜), 匹(짝 필), 區(구역 구), 匿(숨을 닉)
口	에울 위, 큰입구몸	四(넉 사), 囚(가둘 수), 國(나라 국), 圖(그림 도)
行	다닐 행	衍(넘칠 연), 術(재주 술), 街(거리 가), 衛(지킬 위)
門	문 문	閉(닫을 폐), 間(사이 간), 開(열 개), 閑(한가할 한)

8 제부수(獨;독)

부수 자체가 글자인 경우

一(일)	二(이)	人(인)	入(입)	八(팔)	刀(도)	力(력)	又(우)
口(구)	土(토)	士(사)	夕(석)	大(대)	女(녀)	子(자)	寸(촌)
小(소)	山(산)	工(공)	己(기)	巾(건)	干(간)	弓(궁)	心(심)
文(문)	斗(두)	日(일)	曰(왈)	月(월)	木(목)	止(지)	水(수)
火(화)	父(부)	瓦(와)	甘(감)	用(용)	皮(피)	石(석)	穴(혈)
立(립)	老(로)	耳(이)	肉(육)	臣(신)	至(지)	虫(충)	血(혈)
行(행)	見(견)	角(각)	言(언)	谷(곡)	貝(패)	赤(적)	走(주)
足(족)	身(신)	車(거)	辰(진)	邑(읍)	金(금)	長(장)	門(문)
雨(우)	靑(청)	面(면)	革(혁)	音(음)	風(풍)	飛(비)	食(식)
首(수)	香(향)	馬(마)	骨(골)	高(고)	鬼(귀)	魚(어)	鳥(조)
鹿(록)	麥(맥)	麻(마)	黃(황)	黑(흑)	鼎(정)	鼓(고)	鼠(서)
鼻(비)	齊(제)	齒(치)	龍(룡)	龜(귀)			

부수(部首)

(2) 214자 부수 익히기

1획(6자)

①	一	한 일	④	丿	삐침 별
②	丨	뚫을 곤	⑤	乙	새 을
③	丶	점 주	⑥	亅	갈고리 궐

2획(23자)

⑦	二	두 이	⑲	力	힘 력
⑧	亠	돼지해머리	⑳	勹	쌀 포
⑨	人(亻)	사람 인(사람인변)	㉑	匕	비수 비
⑩	儿	어진사람 인	㉒	匚	상자 방, 튼입구몸
⑪	入	들 입	㉓	匸	감출 혜, 터진에운담
⑫	八	여덟 팔	㉔	十	열 십
⑬	冂	멀 경	㉕	卜	점 복
⑭	冖	덮을 멱, 민갓머리	㉖	卩·㔾	병부 절
⑮	冫	얼음 빙, 이수변	㉗	厂	굴바위 엄, 민엄호
⑯	几	안석 궤	㉘	厶	사사로울 사, 마늘모
⑰	凵	입벌릴 감, 위터진입 구	㉙	又	또 우
⑱	刀(刂)	칼 도(선칼도방)			

3획 (31자)

㉚	口	입 구	㊻ 山	뫼 산
㉛	囗	에울 위, 큰 입구 몸	㊼ 巛(川)	개미허리 천(내 천)
㉜	土	흙 토	㊽ 工	장인 공
㉝	士	선비 사	㊾ 己	몸 기
㉞	夂	뒤져올 치	㊿ 巾	수건 건
㉟	夊	천천히 걸을 쇠	51 干	방패 간
㊱	夕	저녁 석	52 幺	작을 요
㊲	大	큰 대	53 广	집 엄, 엄 호
㊳	女	계집 녀	54 廴	길게걸을 인, 민책받침
㊴	子	아들 자	55 廾	두손으로 받들 공, 스물입발
㊵	宀	집 면, 갓머리	56 弋	주살 익
㊶	寸	마디 촌	57 弓	활 궁
㊷	小	작을 소	58 彐·彑·彐	돼지머리 계, 튼가로 왈
㊸	尢·尣·兀	절름발이 왕	59 彡	터럭 삼
㊹	尸	주검 시	60 彳	조금걸을 척, 두인 변
㊺	屮(㞢)	왼손 좌(싹날 철)		

부수(部首)

4획(34자)

⑥¹	心(忄,㣺)	마음 심(심방변, 밑마음 심)	⑦⁸	毋	앙상한뼈 알(죽을사변)
⑥²	戈	창 과	⑦⁹	比	칠 수, 갖은둥글월문
⑥³	戶	지게 호	⑧⁰	毛	말 무
⑥⁴	手(扌)	손 수(재방변)	⑧¹	氏	견줄 비
⑥⁵	支	지탱할 지	⑧²	毛	털 모
⑥⁶	攴(攵)	칠 복(둥글월문)	⑧³	氏	성씨 씨
⑥⁷	文	글월 문	⑧⁴	气	기운 기
⑥⁸	斗	말 두	⑧⁵	水(氵)	물 수(삼수변)
⑥⁹	斤	도끼 근	⑧⁶	火(灬)	불 화(연화발)
⑦⁰	方	모 방	⑧⁷	爪(爫)	손톱 조(손톱조머리)
⑦¹	无	없을 무, 이미기방	⑧⁸	父	아비 부
⑦²	日	날 일	⑧⁹	爻	본받을 효, 점괘 효
⑦³	曰	가로 왈	⑨⁰	爿	나무조각 장, 장수장변
⑦⁴	月	달 월	⑨¹	片	조각 편
⑦⁵	木	나무 목	⑨²	牙	어금니 아
⑦⁶	欠	하품 흠	⑨³	牛	소 우
⑦⁷	止	그칠 지	⑨⁴	犬(犭)	개 견(개사슴록변)

한자능력 검정시험 7급 (7급II 포함)

5획 (23자)

⑨⑤	玄	검을 현	⑩⑦	皮	가죽 피
⑨⑥	玉(王)	구슬 옥(임금 왕, 구슬옥변)	⑩⑧	皿	그릇 명
⑨⑦	瓜	오이 과	⑩⑨	目	눈 목
⑨⑧	瓦	기와 와	⑪⑩	矛	창 모
⑨⑨	甘	달 감	⑪⑪	矢	화살 시
⑩⓪	生	날 생	⑪⑫	石	돌 석
⑩①	用	쓸 용	⑪⑬	示(礻)	보일 시(보일시변)
⑩②	田	밭 전	⑪⑭	禸	짐승발자국 유
⑩③	疋	필 필, 발 소	⑪⑮	禾	벼 화
⑩④	疒	병들어기댈 녁, 병질엄	⑪⑯	穴	구멍 혈
⑩⑤	癶	등질 발, 필발머리	⑪⑰	立	설 립
⑩⑥	白	흰 백			

6획 (29자)

⑪⑱	竹	대 죽	⑫④	羽	깃 우
⑪⑲	米	쌀 미	⑫⑤	老(耂)	늙을 로(늙을로엄)
⑫⓪	糸	실 사	⑫⑥	而	말이을 이
⑫①	缶	장군 부	⑫⑦	耒	쟁기 뢰
⑫②	网·㓁·㒳	그물 망	⑫⑧	耳	귀 이
⑫③	羊	양 양	⑫⑨	聿	붓 율, 오직 율

⑬⓪	肉(月)	고기 육(육달 월)	⑬⑨	色	빛 색
⑬①	臣	신하 신	⑭⓪	艸(艹)	풀 초(초두머리)
⑬②	自	스스로 자	⑭①	虍	범 호
⑬③	至	이를 지	⑭②	虫	벌레 충, 벌레 훼
⑬④	臼	절구 구	⑭③	血	피 혈
⑬⑤	舌	혀 설	⑭④	行	다닐 행
⑬⑥	舛	어그러질 천	⑭⑤	衣(衤)	옷 의(옷의변)
⑬⑦	舟	배 주	⑭⑥	襾	덮을 아
⑬⑧	艮	그칠 간, 괘이름 간			

7획(20자)

⑭⑦	見	볼 견	⑮⑦	足	발 족
⑭⑧	角	뿔 각	⑮⑧	身	몸 신
⑭⑨	言	말씀 언	⑮⑨	車	수레 거, 수레 차
⑮⓪	谷	골 곡	⑯⓪	辛	매울 신
⑮①	豆	콩 두	⑯①	辰	별 진
⑮②	豕	돼지 시	⑯②	辵(辶)	쉬엄쉬엄갈 착(책받침)
⑮③	豸	발없는벌레 치, 갖은돼지시변	⑯③	邑(⻏)	고을 읍(우부방)
⑮④	貝	조개 패	⑯④	酉	닭 유
⑮⑤	赤	붉을 적	⑯⑤	釆	분별할 변
⑮⑥	走	달릴 주	⑯⑥	里	마을 리

8획 (9자)

- ⑯⑦ 金 쇠 금
- ⑯⑧ 長·镸 길 장
- ⑯⑨ 門 문 문
- ⑰⓪ 阜(阝) 언덕 부(좌부변)
- ⑰① 隶 미칠 이
- ⑰② 隹 새 추
- ⑰③ 雨 비 우
- ⑰④ 靑 푸를 청
- ⑰⑤ 非 아닐 비

9획 (11자)

- ⑰⑥ 面 낯 면
- ⑰⑦ 革 가죽 혁
- ⑰⑧ 韋 다룸가죽 위
- ⑰⑨ 韭 부추 구
- ⑱⓪ 音 소리 음
- ⑱① 頁 머리 혈
- ⑱② 風 바람 풍
- ⑱③ 飛 날 비
- ⑱④ 食 밥 식
- ⑱⑤ 首 머리 수
- ⑱⑥ 香 향기 향

10획 (8자)

- ⑱⑦ 馬 말 마
- ⑱⑧ 骨 뼈 골
- ⑱⑨ 高 높을 고
- ⑲⓪ 髟 머리털드리울 표, 터럭발
- ⑲① 鬥 싸울 투
- ⑲② 鬯 울창주 창
- ⑲③ 鬲 다리굽은솥 력, 오지병 격
- ⑲④ 鬼 귀신 귀

부수(部首)

11획(6자)

⑮ 魚	물고기 어	⑱ 鹿	사슴 록
⑯ 鳥	새 조	⑲ 麥	보리 맥
⑰ 鹵	소금밭 로	⑳ 麻	삼 마

12획(4자)

⑳ 黃	누를 황	⑳ 黑	검을 흑
⑳ 黍	기장 서	⑳ 黹	바느질할 치

13획(4자)

⑳ 黽	맹꽁이 맹	⑳ 鼓	북 고
⑳ 鼎	솥 정	⑳ 鼠	쥐 서

14획(2자)

⑳ 鼻	코 비	⑳ 齊	가지런할 제

한자능력 검정시험 7급(7급II 포함)

15획 (1자)

⑪ 齒 이 치

16획 (2자)

⑫ 龍 용 룡   ⑬ 龜 거북 귀

17획 (1자)

⑭ 龠 피리 약

한자능력검정시험

7급(7급Ⅱ 포함) 배정한자
(150자)

배정한자

間

사이 간(ː)

7급Ⅱ 門 총12획

두 물체사이의 거리가 사이

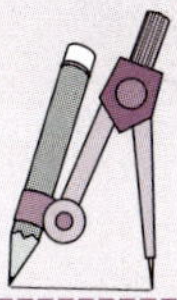

필순 ｜ ｜' ｜'' ｜''' ｜''' 門 門 門 門 問 問 間

쓰기 間

③

예제
- 間食(간식) : 군음식을 먹음 또는 그 음식
- 時間(시간) : 어떤 시각에서 다른 시각까지의 동안 또는 그 길이

문제
1) 間食으로 빵을 먹었다. (___ ___)
2) 하루는 24□間이다. (___ ___)

정답
① 간, 식
② 時, 간

江

강 강

7급Ⅱ 氵(水) 총6획

물이 모여 이루어진 것이 강

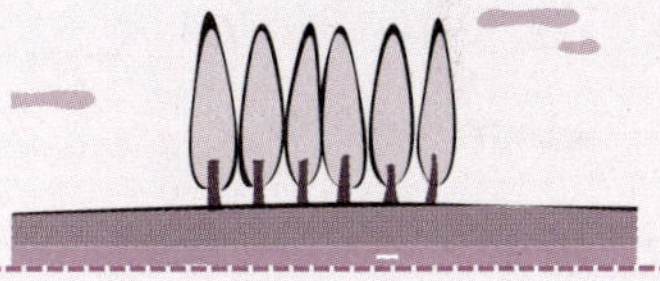

필순 ､ ､､ 氵 汀 江 江

쓰기 江

④

예제
- 漢江(한강) : 우리나라의 중부에 있는 강
- 江村(강촌) : 강가의 마을

문제
1) 漢江에 돌 던지기 (___ ___)
2) 우리는 방학동안 □村으로 놀러갔다. (___ ___)

정답
① 한, 강
② 江, 촌

39

車 수레 거(차)

7급II 車 총7획

수레의 모양을 본뜬 글자

필순: 一 ㇒ 冂 冂 亘 亘 車

예제
- 車庫(차고) : 차를 넣어두는 차고
- 自轉車(자전거) : 사람이 올라타고 두 발로 페달을 밟아 바퀴를 돌리면서 앞으로 나아가게 만든 것

문제
1) 아빠는 車庫에서 세차 중이시다. (___ ___)
2) 우리 일요일에 自轉□ 타러 가자. (___ ___)

정답
① 차, 고
② 자전, 車

工 장인 공

7급II 工 총3획

쓸모 있는 물건을 만드는 이가 장인

필순: 一 丁 工

예제
- 工場(공장) : 근로자가 기계 등을 사용하여 물건을 가공·제조하거나 수리·정비하는 시설 또는 그 건물
- 工事(공사) : 토목이나 건축 등에 관한 일

문제
1) 工場 굴뚝에서 시커먼 연기가 나온다. (___ ___)
2) 도로 □事로 차가 많이 막힌다. (___ ___)

정답
① 공, 장
② 工, 사

배정한자

空 빌 공

7급Ⅱ 穴 총8획

구멍 속 텅 비어있는 공간

필순: 丶 宀 宀 宀 灾 灾 空 空

쓰기: 空

예제:
- 空中(공중) : 지구 표면을 둘러싸고 있는 공간
- 空間(공간) : 아무 것도 없이 비어 있는 칸

문제:
1) 그 마법사는 空中으로 떠올랐다. (____ ____)
2) 빈 □間이 생기지 않도록 꽉 채워라. (____ ____)

정답
① 공, 중
② 空, 간

校 학교 교:

8급 木 총10획

구부러진 나무를 세우듯 그른것을 올바르게 하는 학교

필순: 一 十 才 木 木 朽 栌 栌 栌 校

쓰기: 校

예제:
- 學校(학교) : 교육·학습에 필요한 설비를 갖추고 학생을 모아 일정한 교육 목적 아래 교사가 지속적으로 교육을 하는 기관
- 校服(교복) : 학생들이 입는 제복

문제:
1) 그는 초등學校 밖에 다니지 못했다. (____ ____)
2) 우리 학교는 □服을 입지 않는다. (____ ____)

정답
① 학, 교
② 校, 복

漢字 한자능력 검정시험 7급(7급II 포함)

教 가르칠 교:
8급 攵(攴) 총11획

때리고 어르면서 자식을 가르치는 부모

필순: ノ 乂 ㄨ 耂 孝 考 孝 孝 教 教 教

쓰기 9: 教

예제:
- 教育(교육) : 지식을 가르치고 품성과 체력을 기름
- 教訓(교훈) : 사람으로서 나아갈 길을 그르치지 않도록 가르치고 깨우침

문제:
1) 아이들은 부모님의 **教育**이 중요하다. (____ ____)
2) 그 동화는 많은 □訓을 준다. (____ ____)

정답
① 교, 육
② 教, 훈

九 아홉 구
8급 乙 총2획

열에서 하나를 뺀 것이 아홉

필순: ノ 九

쓰기 10: 九

예제:
- 十中八九(십중팔구) : 열 가운데 여덟이나 아홉은 거의 예외 없이 그러할 것이라는 추측을 나타내는 말
- 九死一生(구사일생) : 여러 차례 죽을 고비를 겪고 겨우 살아남

문제:
1) **十中八九**는 중도에서 탈락한다. (____ ____ ____ ____)
2) 그는 □**死一生**으로 목숨을 건졌다. (____ ____ ____ ____)

정답
① 십,중,팔,구
② 九, 사일생

42

배정한자

口 입 구(ː)

7급 口 총3획

사람의 입의 모양을 본뜬 글자

필순: 丨 冂 口

쓰기 11

예제
- 口傳(구전) : 말로 전해져 내려옴
- 港口(항구) : 바닷가에 배를 댈 수 있도록 시설해 놓은 곳

문제
1) 그 이야기는 사람들의 입을 통해 口傳되었다. (___ ___)
2) 배가 港□에 정박하다. (___ ___)

정답
① 구, 전
② 항, 口

國 나라 국

8급 口 총11획

무기(창)를 들고서라도 지켜야 하는 것이 나라

필순: 丨 冂 冂 冂 同 同 同 國 國 國 國

쓰기 12

예제
- 國語(국어) : 자기 나라의 말
- 國民(국민) : 한 나라의 통치권 아래에 결합하여 국가를 구성하고 있는 사람

문제
1) 우리나라의 國語는 한글이다. (___ ___)
2) 모든 □民들이 대한독립 만세를 외쳤다. (___ ___)

정답
① 국, 어
② 國, 민

43

배정한자

ㄱ

기운 기

7급Ⅱ 气 총10획

공중에 올라가 구름을 만드는 기운

필순 ノ ㄥ ㅌ 气 气 气 气 氣 氣 氣

쓰기 氣

15

예제
- 氣溫(기온) : 대기의 온도
- 感氣(감기) : 몸이 오슬오슬 추워지며 열이 나고, 기침 또는 콧물이 나는 호흡기 계통의 염증성 질환을 통틀어 이르는 말

문제
1) 겨울에는 氣溫이 많이 내려간다. (___ ___)
2) 날이 갑자기 추워져 感☐에 걸렸다. (___ ___)

정답
① 기, 온
② 감, 氣

기록할 기

7급Ⅱ 言 총10획

말을 하나하나 기록함

필순 ヽ 亠 ㇒ 亖 言 言 言 訂 記 記

쓰기 記

16

예제
- 記錄(기록) : 어떤 사실을 뒤에 남기려고 적음
- 暗記(암기) : 쓴 것을 보지 않고서도 기억할 수 있도록 외움

문제
1) 성적부에는 성적이 記錄된다. (___ ___)
2) 선생님은 그 시를 暗☐하라는 숙제를 내주셨다. (___ ___)

정답
① 기, 록
② 암, 記

45

漢字 한자능력 검정시험 7급 (7급II 포함)

17. 旗

깃발 기

바람에 휘날리는 깃발

7급 | 方 | 총14획

필순: 丶 ㆍ 方 方 方 旃 旃 旃 旃 旃 旗 旗

쓰기: 旗

예제:
- 國旗(국기) : 한 나라를 상징하는 기
- 萬國旗(만국기) : 세계 여러 나라의 국기

문제:
1) 우리나라 國旗는 태극기이다. (____ ____)
2) 운동장에는 萬國□가 펄럭이고 있었다. (____ ____)

정답:
① 국, 기
② 만국, 旗

18. 男

사내 남

밭을 갈고 무거운 짐을 드는 남자

7급II | 田 | 총7획

필순: 丨 冂 曰 田 田 罗 男

쓰기: 男

예제:
- 男便(남편) : 혼인하여 여자의 짝이 되어 사는 남자를 그 여자에 대하여 일컫는 말
- 男兒(남아) : 사내 아이

문제:
1) 男便은 두레박 아내는 항아리 (____ ____)
2) 우리나라는 □兒를 선호한다. (____ ____)

정답:
① 남, 편
② 男, 아

배정한자

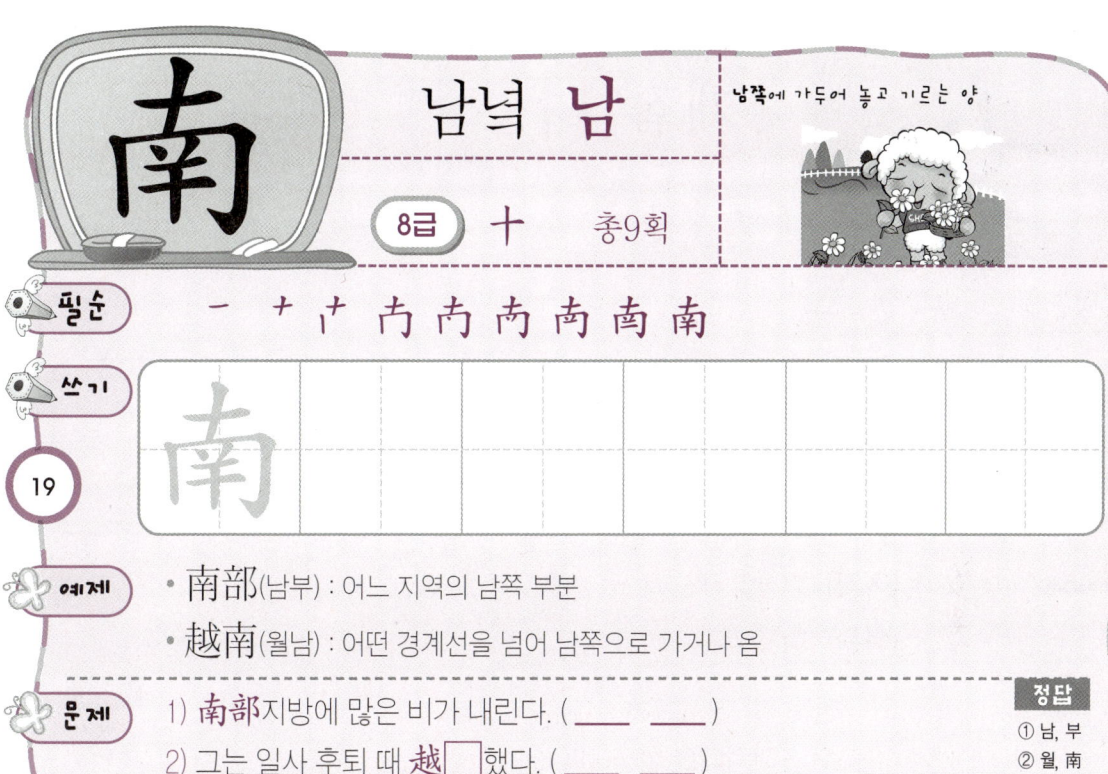

南 남녘 남
8급 十 총9획
남쪽에 가두어 놓고 기르는 양

필순: 一 十 十 內 內 內 南 南 南

쓰기: 南

19

예제
- 南部(남부) : 어느 지역의 남쪽 부분
- 越南(월남) : 어떤 경계선을 넘어 남쪽으로 가거나 옴

문제
1) 南部지방에 많은 비가 내린다. (____ ____)
2) 그는 일사 후퇴 때 越□했다. (____ ____)

정답
① 남, 부
② 월, 남

內 안 내:
7급Ⅱ 入 총4획
입구로 들어가 안을 바라봄

필순: 丨 冂 内 内

쓰기: 內

20

예제
- 內外(내외) : 안과 밖
- 內容(내용) : 속에 들어가 있는 것

문제
1) 그 건물 內外로 경찰이 지키고 있다. (____ ____)
2) 편지의 □容을 읽고나서 눈물이 났다. (____ ____)

정답
① 내, 외
② 內, 용

47

# 배정한자

農 농사 농

7급Ⅱ 辰 총13획

허리를 구부리며 농사짓는 농부

필순: 丨 冂 日 由 曲 曲 曲 芦 芦 芦 農 農 農

쓰기: 農

23

예제:
- 農事(농사) : 논이나 밭에 곡류·채소·과일 등을 심어 가꾸는 일
- 農藥(농약) : 소독이나 병충해 따위의 예방을 위해 쓰이는 약품

문제:
1) 농부들은 農事를 생업으로 한다. (____ ____)
2) 과수에 □藥을 뿌리다. (____ ____)

정답
① 농, 사
② 農, 약

答 대답 답

7급Ⅱ 竹 총12획

길게 늘어선 대나무처럼 여럿이 손을 들어 대답함

필순: 丿 一 ㅏ 竹 竹 竹 炊 炊 笶 笶 答 答

쓰기: 答

24

예제:
- 對答(대답) : 묻는 말에 자기의 뜻을 나타냄
- 答禮(답례) : 남의 인사에 답하여 인사를 함

문제:
1) 어째 對答이 시원치 않다. (____ ____)
2) 그들의 호의에 □禮하다. (____ ____)

정답
① 대, 답
② 答, 례

49

배정한자

冬

겨울 동(ː)

눈과 얼음을 볼 수 있는 겨울

7급 　 冫 　 총5획

필순　ノ ク 夂 冬 冬

쓰기　冬

27

예제
- 冬季(동계) : 겨울철
- 冬眠(동면) : 어떤 동물이 겨울 동안 생활 활동을 멈추고 땅속이나 물속에서 이듬해 봄까지 잠자는 상태에 있는 현상

문제
1) **冬季** 올림픽이 열리다. (___ ___)
2) 곰은 겨울에는 □眠을 한다. (___ ___)

정답
① 동, 계
② 冬, 면

同

한가지 동

언제나 한가지의 목소리로 말하는 두 사람

7급 　 口 　 총6획

필순　丨 冂 冂 同 同 同

쓰기　同

28

예제
- 同行(동행) : 길을 같이 감
- 同甲(동갑) : 같은 나이

문제
1) 그가 학교까지 **同行**했다. (___ ___)
2) 그는 나와 □甲이다. (___ ___)

정답
① 동, 행
② 同, 갑

51

배정한자

 움직일 **동:**

7급Ⅱ 力 총11획

무거운 것을 힘써 움직임

필순 ノ 二 千 斤 斤 斤 斤 重 重 動 動

쓰기 動

31

예제
- 動物(동물) : 길짐승·날짐승·물고기·벌레·사람 따위를 통틀어 이르는 말
- 動作(동작) : 무슨 일을 하려고 몸을 움직임

문제
1) 사람은 動物에 속한다. (____ ____)
2) □作이 빠르다. (____ ____)

정답
① 동, 물
② 動, 작

 오를 **등**

7급 癶 총12획

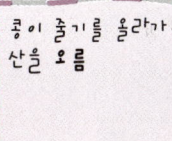
콩이 줄기를 올라가듯 계속해서 산을 오름

필순 ノ フ ブ ブ 癶 癶 癶 癶 登 登 登 登

쓰기 登

32

예제
- 登山(등산) : 산에 오름
- 登校(등교) : 학생이 학교에 감

문제
1) 이번 주말에 登山 가자. (____ ____)
2) □校 시간에 늦다. (____ ____)

정답
① 등, 산
② 登, 교

배정한자

老 늙을 로:

7급 老 총6획

등이 굽고 나이가 들어 노인이 됨

필순 一 + 土 耂 耂 老

쓰기 35 老

예제
- 老人(노인) : 나이가 많은 사람, 늙은이
- 老患(노환) : 늙어서 드는 병

문제
1) 한 老人이 지팡이를 짚고 가신다. (____ ____)
2) 할아버지가 □患으로 돌아가셨다. (____ ____)

정답
① 노, 인
② 老, 환

六 여섯 륙

8급 八 총4획

다섯과 하나를 더한 것이 여섯

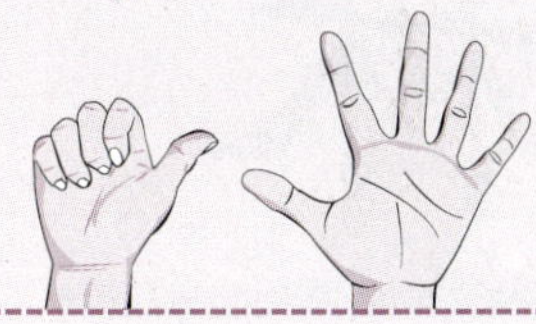

필순 丶 一 六 六

쓰기 36 六

예제
- 六角(육각) : 여섯 모
- 六書(육서) : 한자의 구성상 여섯 가지 유형

문제
1) 눈의 결정은 六角 모양이다. (____ ____)
2) 한자의 □書에는 상형·지사·회의·형성·전주·가차가 있다. (____ ____)

정답
① 육, 각
② 六, 서

漢字 한자능력 검정시험 7급(7급II 포함)

里 마을 리:
7급 里 총7획
밭 위에 빽빽이 모인 마을

필순 ノ 口 日 日 旦 甲 里

쓰기 里

37

예제
- 里長(이장) : 행정 구역의 하나인 리(里)의 사무를 맡아보는 사람
- 萬里長城(만리장성) : 중국 북쪽 내몽고와의 경계에 쌓은 길이 2,400여km의 성벽

문제
1) 동네 里長님의 말씀이 있겠습니다. (___ ___)
2) 萬□長城은 중국의 대표적인 문화유산이다. (___ ___ ___)

정답
① 이, 장
② 만,리,장성

林 수풀 림
7급 木 총8획
나무가 모여 이루어진 수풀

필순 一 十 オ 木 木 杜 材 林

쓰기 林

38

예제
- 森林(삼림) : 나무가 많이 우거진 곳
- 林野(임야) : 숲이 있거나 개간되지 않은 땅

문제
1) 森林을 보존하자. (___ ___)
2) 이곳 □野는 모두 그의 소유이다. (___ ___)

정답
① 삼, 림
② 林, 야

56

立 설 립

7급Ⅱ 　立　 총5획

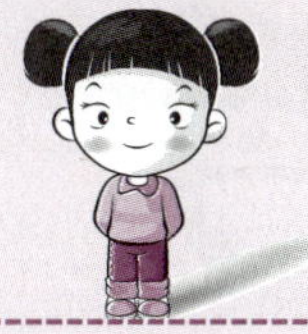

땅위를 밟고 서 있는 사람

필순: 丶 亠 亡 立 立

쓰기: 立

39

예제:
- 創立(창립) : 학교나 회사, 기관 따위를 처음으로 세움
- 立冬(입동) : 겨울이 시작됨을 알리는 24절기의 하나

문제:
1) 오늘은 우리 회사 **創立** 기념일이다. (___ ___)
2) 오늘은 겨울을 알리는 □冬이다. (___ ___)

정답
① 창, 립
② 立, 동

萬 일만 만:

8급　 艹(艸)　 총13획

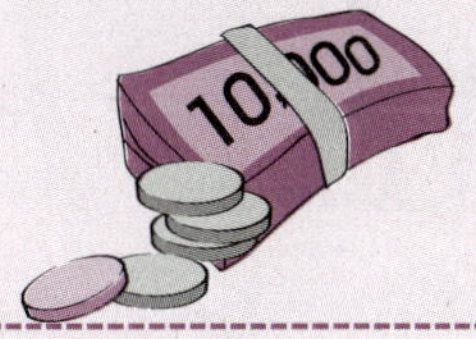

일만이 넘는 많은 돈이 들어옴

필순: 丶 艹 艹 艹 艹 苎 苎 苜 莒 萬 萬 萬

쓰기: 萬

40

예제:
- 萬能(만능) : 온갖 일에 두루 능통함
- 萬物(만물) : 온갖 물건

문제:
1) 그는 **萬能** 스포츠맨이다. (___ ___)
2) 사람은 □物의 영장이다. (___ ___)

정답
① 만, 능
② 萬, 물

漢字 한자능력 검정시험 7급(7급Ⅱ 포함)

41

每 매양 매(ː)

7급Ⅱ 母 총7획

싹이 매양 돋아남

필순: 丿 一 厂 匕 伍 每 每

쓰기: 每

예제:
- 每日(매일) : 그날그날, 하루하루
- 每事(매사) : 하나하나의 일, 모든 일

문제:
1) 우리는 每日같이 밥을 먹는다. (___ ___)
2) 그는 □事에 짜증을 낸다. (___ ___)

정답
① 매, 일
② 每, 사

42

面 낯 면ː

7급 面 총9획

사람의 윤곽이 낯

필순: 一 丆 丆 兩 而 而 面 面 面

쓰기: 面

예제:
- 面接(면접) : 직접 만나 봄
- 假面(가면) : 사람이나 짐승의 얼굴 모양을 본떠 만든 것, 탈

문제:
1) 오늘 面接시험이 있다. (___ ___)
2) 假□을 쓰다. (___ ___)

정답
① 면, 접
② 가, 面

배정한자

名 이름 명

말보다는 이름으로 자신을 밝힘

7급Ⅱ 口 총6획

필순: ノ ク タ タ 名 名

쓰기: 名

43

예제
- 姓名(성명) : 성과 이름
- 名作(명작) : 이름난 작품

문제
1) **姓名** 석 자도 못 쓰는 주제에 말은 잘한다. (___ ___)
2) 세계 □作들을 꼭 읽어보기 바란다. (___ ___)

정답
① 성, 명
② 名, 작

命 목숨 명:

하늘로부터 받은 것이 목숨

7급 口 총8획

필순: ノ 人 ㅅ 仐 命 命 命 命

쓰기: 命

44

예제
- 生命(생명) : 살아 있기 위한 힘의 바탕이 되는 것, 목숨
- 命令(명령) : 윗사람이 아랫사람에게 시킴 또는 그 말

문제
1) 모든 **生命**은 소중하다. (___ ___)
2) 공격 □令을 내리다. (___ ___)

정답
① 생, 명
② 命, 령

배정한자

文 글월 문

7급 文 총4획

여기 저기 고쳐서 만든 글월

필순: 丶 一 ナ 文

쓰기: 文

47

예제
- 漢文(한문) : 한자로 씌어진 글
- 文學(문학) : 정서와 사상을 상상의 힘을 빌려 문자로 나타내는 예술 및 그 작품

문제
1) 중국의 경제성장으로 漢文의 중요성이 높아지고 있다. (___ ___)
2) 견문을 넓히려면 많은 □學작품을 읽어라. (___ ___)

정답
① 한, 문
② 文, 학

門 문 문

8급 門 총8획

대문의 모양을 본뜬 글자

필순: 丨 冂 冂 阝 門 門 門 門

쓰기: 門

48

예제
- 正門(정문) : 건물의 정면에 있는 문
- 家門(가문) : 집안, 문중

문제
1) 그는 正門으로 당당히 걸어들어 왔다. (___ ___)
2) 그는 양반 家□의 자제이다. (___ ___)

정답
① 정, 문
② 가, 門

漢字 한자능력 검정시험 7급(7급II 포함)

問 물을 문:

입을 열어 궁금한 것을 물어 봄

7급 口 총11획

필순: 丨 冂 冂 冂 冂 門 門 門 門 問 問

쓰기: 問

예제
- 問題(문제) : 해답을 필요로 하는 물음
- 訪問客(방문객) : 찾아온 손님

문제
1) 시간이 없어 問題를 많이 풀지 못했다. (___ ___)
2) 訪□客을 정중히 모셔라. (___ ___ ___)

정답
① 문, 제
② 방, 問, 객

物 만물 물

세상의 모든 것이 다 만물

7급II 牛 총8획

필순: 丿 𠂉 牛 牛 牛 物 物 物

쓰기: 物

예제
- 物件(물건) : 일정한 형체를 갖추고 있는 모든 물질적 존재
- 物質(물질) : 물건의 본바탕

문제
1) 시장은 物件을 사고파는 곳이다. (___ ___)
2) 이 □質은 지구에는 존재하지 않는다. (___ ___)

정답
① 물, 건
② 物, 질

民 백성 민

8급 氏 총5획

필순: ㄱ ㄱ ㅌ ㅌ 民

51

예제
- 民謠(민요) : 민중 속에서 자연적으로 생겨나 오랫동안 전해 내려오는 생활 감정이 소박하게 담긴 노래를 통틀어 이르는 말
- 民俗(민속) : 민간의 풍속

문제
1) 아리랑은 한국의 民謠이다. (___ ___)
2) 단오는 우리나라 고유의 □俗이다. (___ ___)

정답
① 민, 요
② 民, 속

方 모 방

7급Ⅱ 方 총4획

평범한 일반 사람이 백성

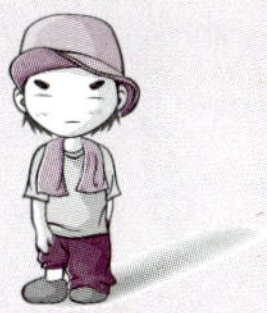

네 귀퉁이에서 방향을 읽음

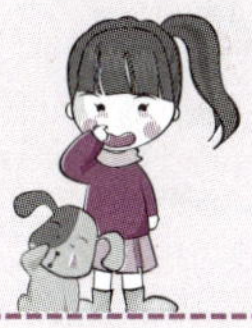

필순: ` 一 亍 方

52

예제
- 方法(방법) : 어떤 목적을 달성하기 위하여 취하는 수단
- 方今(방금) : 바로 조금 전이나 후

문제
1) 좋은 方法을 생각해 내다. (___ ___)
2) 그가 □今 돌아왔다. (___ ___)

정답
① 방, 법
② 方, 금

배정한자

夫 — 지아비 부

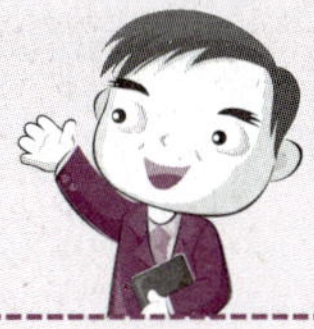

7급　大　총4획

필순: 一 二 夫 夫

쓰기: 夫 (55)

예제:
- 夫婦(부부) : 남편과 아내
- 大丈夫(대장부) : 건장하고 씩씩한 사나이

문제:
1) 夫婦가 금실이 좋다. (___ ___)
2) 그는 사내 大丈□이다. (___ ___)

정답
① 부, 부
② 대장, 夫

父 — 아비 부

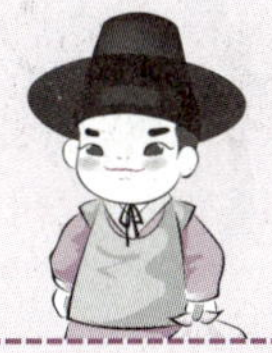

8급　父　총4획

필순: ノ ハ ク 父

쓰기: 父 (56)

예제:
- 父母(부모) : 아버지와 어머니
- 父傳子傳(부전자전) : 대대로 아버지가 아들에게 전함

문제:
1) 父母 말을 들으면 자다가도 떡이 생긴다. (___ ___)
2) □傳子傳이라더니 그 아들도 형편없는 망나니더군. (___ _____)

정답
① 부, 모
② 父, 전자전

65

배정한자

四 넉 사:

열에서 여섯을 뺀 것이 넷

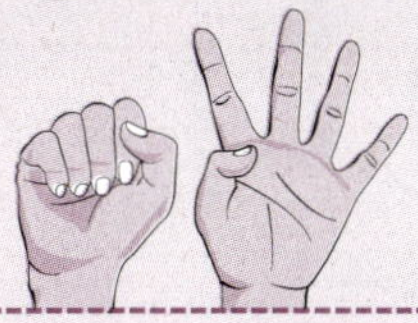

8급 口 총5획

필순 ｜ 冂 冂 四 四

쓰기 四

59

예제
- 四君子(사군자) : 매화 · 난초 · 국화 · 대나무의 넷을 이르는 말
- 四角形(사각형) : 네 개의 직선으로 둘러싸인 평면 도형

문제
1) 우리나라는 四君子를 소재로 한 그림이 많다. (___ ___ ___)
2) □角形은 변이 네 개이다. (___ ___)

정답
① 사, 군, 자
② 四, 각형

事 일 사:

역사를 기록하듯 꼼꼼하게 일을 함

7급Ⅱ ｜ 총8획

필순 一 丆 亓 亓 写 写 耳 事

쓰기 事

60

예제
- 事業(사업) : 주로 생산과 영리를 목적으로 하는 지속적인 경제 활동
- 事故(사고) : 뜻밖에 일어난 사건이나 탈

문제
1) 그는 자선 事業가이다. (___ ___)
2) 교통□故로 많은 사람이 죽는다. (___ ___)

정답
① 사, 업
② 事, 고

67

漢字 한자능력 검정시험 7급(7급II 포함)

山 메 산

8급 山 총3획

우뚝 솟은 산을 본뜬 글자

필순: ㅣ 山 山

쓰기 61: 山

예제:
- 山林(산림) : 산과 숲
- 山川(산천) : 산과 개천

문제:
1) 山林이 우거지다. (____ ____)
2) 고향 □川으로 돌아가고 싶다. (____ ____)

정답: ① 산, 림 ② 山, 천

算 셈 산:

7급 竹 총14획

올곧은 대처럼 정확하게 셈을 함

필순: ノ ㄣ ㅅ ㅆ 竹 竹 竺 笁 笞 笡 筲 筲 筸 算 算

쓰기 62: 算

예제:
- 算數(산수) : 수량이나 도형의 기초적인 원리·법칙 등을 가르쳤던 초등학교 교과의 한 가지
- 計算(계산) : 수량을 셈, 식으로 연산하여 수치를 구하여 내는 일

문제:
1) 그 아이는 算數는 잘하는데 국어는 못한다. (____ ____)
2) 計□이 복잡하다. (____ ____)

정답: ① 산, 수 ② 계, 산

배정한자

三 석 삼

8급 一 총3획

세 손가락을 하나로 편 모양

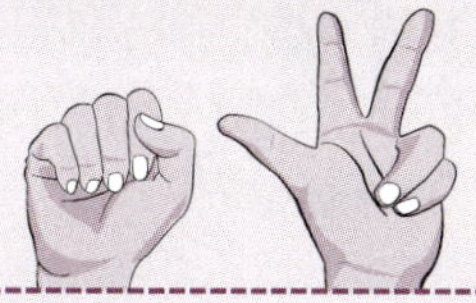

필순 一 二 三

쓰기 三

63

예제
- 三多島(삼다도) : 바람이 많고, 돌이 많고, 여자가 많은 섬이라는 뜻으로 제주도를 달리 이르는 말
- 四書三經(사서삼경) : 유교의 경전인 사서와 삼경

문제
1) 제주도를 다른 말로 三多島라고 부른다. (___ ___ ___)
2) 그는 四書□經에 능통하다. (___ ___ ___)

정답
① 삼, 다, 도
② 사서,三,경

上 위 상:

7급Ⅱ 一 총3획

사물의 위쪽

필순 丨 卜 上

쓰기 上

64

예제
- 上部(상부) : 위쪽 부분
- 頂上(정상) : 산의 꼭대기

문제
1) 上部의 지시에 따라 행동하다. (___ ___)
2) 산 頂□에서 만나자. (___ ___)

정답
① 상, 부
② 정, 上

배정한자

西 서녁 서

8급 西 총6획

해가 지는 방향이 서쪽

필순 一 厂 厂 丙 丙 西

쓰기 西

67

예제
- 西洋(서양) : 동양에서, 유럽과 미주의 여러 나라를 이르는 말
- 西海(서해) : 서쪽에 있는 바다

문제
1) 西洋은 과학문명이 발달해 있다. (___ ___)
2) 우리나라 □海는 갯벌이 많다. (___ ___)

정답
① 서, 양
② 西, 해

夕 저녁 석

7급 夕 총3획

저녁에 뜨는 초승달

필순 ノ ク 夕

쓰기 夕

68

예제
- 夕陽(석양) : 저녁 해
- 秋夕(추석) : 한가위

문제
1) 하늘이 夕陽에 붉게 물들었다. (___ ___)
2) 秋□은 우리나라의 대표적인 명절이다. (___ ___)

정답
① 석, 양
② 추, 夕

71

배정한자

世 인간 세:

7급Ⅱ 一 총5획

강산이 세 번 바뀌고 서른이 됨

필순 一 十 丗 丗 世

쓰기 世

예제
- 世界(세계) : 지구 위의 모든 지역, 온 세상
- 出世(출세) : 사회적으로 높이 되거나 유명해짐

문제
1) 올림픽에는 世界 각국의 선수들이 출전한다. (____ ____)
2) 그는 대기업 임원으로 出□하였다. (____ ____)

정답
① 세, 계
② 출, 世

小 작을 소:

8급 小 총3획

작은 곡식 낟알

필순 亅 亅 小

쓰기 小

예제
- 小說(소설) : 작가가 경험하거나 구상한 사건 속에 진리와 인생의 미를 형상화하여 보여 줌으로써 독자를 감동시키는 창조적 문학의 한 형태
- 中小企業(중소기업) : 자본금이나 종업원 수 또는 그 밖의 시설 등이 중소 규모인 기업

문제
1) 그녀는 유명한 여류 小說작가이다. (____ ____)
2) 대통령께서 中□企業 육성정책을 발표하였다. (____ ____ ____)

정답
① 소, 설
② 중, 소, 기업

73

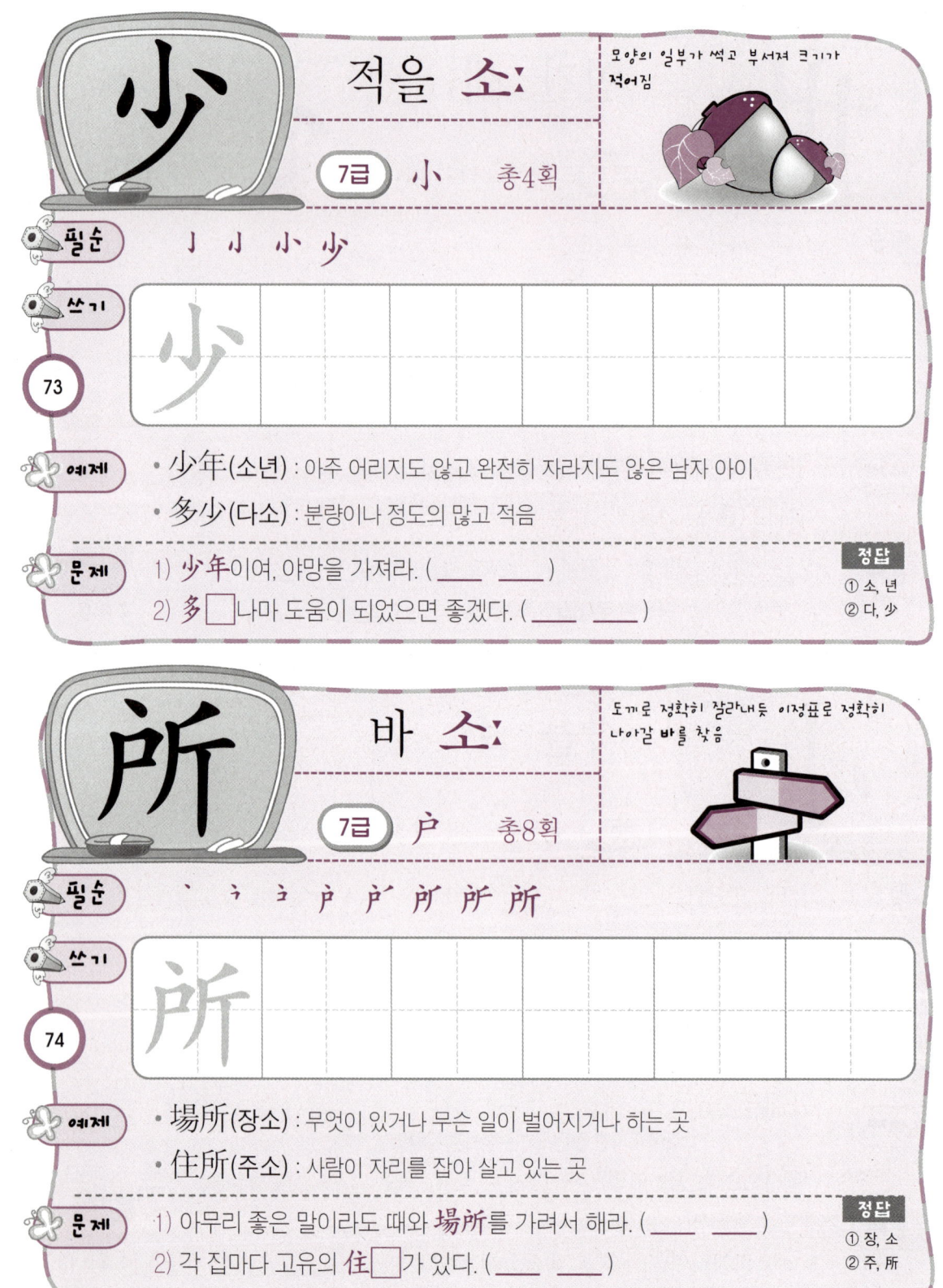

배정한자

水 물 수

8급 水 총4획

물이 흘러가는 모양을 본뜬 글자

필순: 亅 亅 水 水

쓰기 75 水

예제
- 水泳(수영): 헤엄
- 冷水(냉수): 찬물

문제
1) 물에서는 **水泳**을 잘 한다고 과신해서는 안 된다. (___ ___)
2) 冷☐ 먹고 속 차려라. (___ ___)

정답
① 수, 영
② 냉, 水

手 손 수(ː)

7급Ⅱ 手 총4획

왼쪽과 오른쪽에 있는 손

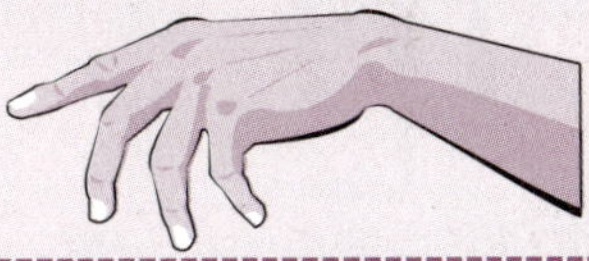

필순: 一 二 三 手

쓰기 76 手

예제
- 手話(수화): 주로 농아자끼리 손짓으로 하는 말
- 手巾(수건): 얼굴이나 몸 등을 닦는 헝겊

문제
1) 농아들은 **手話**로 의사소통을 한다. (___ ___)
2) ☐巾으로 땀을 닦다. (___ ___)

정답
① 수, 화
② 手, 건

ㅅ

75

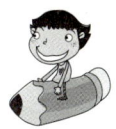

時

때 시

7급Ⅱ 日 총10획

해가 뜨고 지는 때를 짐작하게 하는 것이 시계

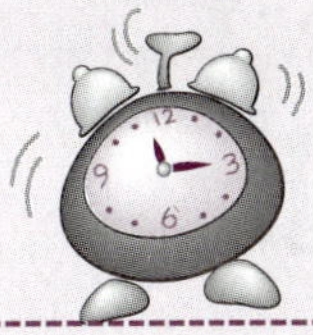

필순 丨 冂 月 日 日一 日十 日土 日土 時 時

쓰기 時

79

예제
- 時計(시계) : 시각을 나타내거나 시간을 재는 장치 또는 기계를 통틀어 이르는 말
- 時代(시대) : 어떤 길이를 지닌 연월, 또는 역사적인 특징을 가지고 구분한 일정한 기간

문제
1) 내 **時計**는 정확하다. (___ ___)
2) 지금은 원자력 □代이다. (___ ___)

정답
① 시, 계
② 時, 대

ㅅ

食

밥 식 / 먹일 사

7급Ⅱ 食 총9획

사람이 즐겨먹는 음식이 밥

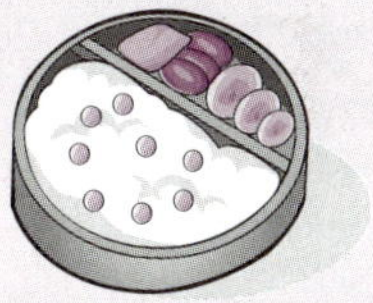

필순 丿 人 𠆢 今 今 今 食 食 食

쓰기 食

80

예제
- 食事(식사) : 사람이 끼니로 음식을 먹는 일
- 食品(식품) : 음식의 재료가 되는 물품

문제
1) 지금은 점심 **食事** 시간이다. (___ ___)
2) 인스턴트 □品은 건강해 유익하지 못하다. (___ ___)

정답
① 식, 사
② 食, 품

漢字 한자능력 검정시험 7급(7급II 포함)

植 심을 식
7급 木 총12획

땅을 파서 화분을 곧게 심음

필순: 一 十 扌 才 村 村 村 柿 柿 植 植 植

쓰기: 植

예제:
- 植物(식물) : 뿌리·줄기·잎을 갖추어 수분을 흡수하고 산소를 배출하면서 광합성 등으로 영향을 섭취하는 생물체를 통틀어 이르는 말
- 植木日(식목일) : 산림녹화 등을 위하여 해마다 나무를 심도록 정한 날

문제:
1) 植物은 햇빛을 통해 광합성 작용을 한다. (____ ____)
2) □木日에는 나무를 심는다. (____ ____)

정답
① 식, 물
② 植, 목일

室 집 실
8급 宀 총9획

사람이 편하게 이르는 공간이 집

필순: 丶 宀 宀 宀 宇 宏 宰 室 室

쓰기: 室

예제:
- 居室(거실) : 서양식 집에서 가족이 모여 생활하는 공간
- 教室(교실) : 학교에서 주로 수업에 쓰는 방

문제:
1) 식구들이 모두 모여 居室에서 텔레비전을 보고 있다. (____ ____)
2) 학생들은 教□에서 공부를 한다. (____ ____)

정답
① 거, 실
② 교, 室

배정한자

마음 심

7급 心 총4획

심장의 모양을 본뜬 글자

필순 ` , 心心

쓰기 83 心

예제
- 心性(심성) : 본디부터 타고난 마음씨
- 孝心(효심) : 효성스러운 마음

문제
1) 그 사람은 心性이 참 곱다. (___ ___)
2) 엄하게 키운 자식일수록 부모에 대한 孝□이 지극한 법이다. (___ ___)

정답
① 심, 성
② 효, 심

열 십

8급 十 총2획

두 손가락을 편 것이 열

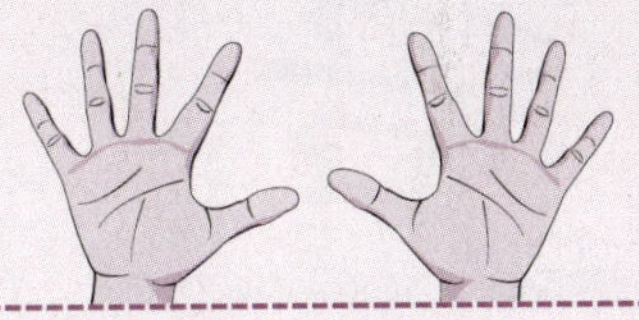

필순 一 十

쓰기 84 十

예제
- 十字架(십자가) : 기독교의 상징으로 쓰는 십자 모양의 표지
- 十中八九(십중팔구) : 열 가운데 여덟이나 아홉은 거의 예외 없이 그러할 것이라는 추측을 나타내는 말

문제
1) 예수는 十字架를 지고 인류의 고행을 대신했다. (___ ___ ___)
2) □中八九는 중도에서 탈락한다. (_____)

정답
① 십, 자, 가
② 十, 중팔구

漢字 한자능력 검정시험 7급(7급II 포함)

安 편안할 안

7급 II | 宀 | 총6획

집안에서 인형을 안고 있을 때 편안함을 느끼는 여자아이

필순: ` ´ ㆍ 宀 宀 安 安

쓰기: 安

85

예제
- 安保(안보) : 외국으로부터의 침략에 대하여 국가의 안전을 지키는 일
- 問安(문안) : 웃어른에게 안부를 물음

문제
1) 국군은 국가 安保를 위해서 존재한다. (___ ___)
2) 나는 선생님에게 問□ 편지를 올렸다. (___ ___)

정답
① 안, 보
② 문, 安

語 말씀 어:

7급 | 言 | 총14획

각자 가진 의견을 표현하는 것이 말

필순: ` 一 ㆍ 二 言 言 言 訁 訂 訝 語 語 語 語

쓰기: 語

86

예제
- 言語(언어) : 생각이나 느낌을 음성으로 전달하는 수단과 체계
- 外國語(외국어) : 다른 나라의 말

문제
1) 인류는 서로 다른 다양한 言語를 사용한다. (___ ___)
2) 外國□로는 보통 영어를 많이 배운다. (___ ___)

정답
① 언, 어
② 외국, 語

배정한자

然 그러할 연

7급 灬(火) 총12획

불타듯 붉은 노을과 푸른 하늘이 자연스레 펼쳐짐

필순: 丿 勹 夕 夕 夕 夕 外 然 然 然 然 然 然

쓰기: 然

87

예제
- 當然(당연): 일의 전후 사정을 놓고 볼 때에 마땅히 그러하다.
- 自然(자연): 사람의 손에 의하지 않고서 존재하는 것이나 일어나는 현상

문제
1) 자식으로서 當然히 해야 할 도리이다. (____ ____)
2) 自□의 섭리를 거역해서는 안 된다. (____ ____)

정답
① 당, 연
② 자, 然

午 낮 오:

7급Ⅱ 十 총4획

똑바로 선 시계추가 가리키는 정오

필순: 丿 ㄥ 느 午

쓰기: 午

88

예제
- 午前(오전): 밤 열두 시로부터 낮 열두 시까지의 사이
- 午後(오후): 낮 열두 시로부터 밤 열두 시까지의 사이

문제
1) 午前에는 학교 수업이 있다. (____ ____)
2) □後에는 방과 후 학원에 간다. (____ ____)

정답
① 오, 전
② 午, 후

81

배정한자

外 바깥 외:

8급 夕 총5획

저녁에 달빛을 보기 위해 밖을 나섬

필순 ノ ク タ 列 外

쓰기 外

91

예제
- 外國(외국) : 자기 나라 이외의 다른 나라
- 外出(외출) : 집이나 직장 등에서 볼일을 보러 나감

문제
1) 그는 外國으로 이민을 갔다. (___ ___)
2) 오랜만의 □出에 기분이 상쾌했다. (___ ___)

정답
① 외, 국
② 外, 출

右 오른 우:

7급Ⅱ 口 총5획

식사를 하고 방향을 가리킬 때 사용하는 오른손

필순 ノ ナ ナ 右 右

쓰기 右

92

예제
- 右側(우측) : 오른쪽, 바른쪽
- 右往左往(우왕좌왕) : 이리저리 오락가락하며 일이나 나아갈 방향을 결정짓지 못하고 망설임

문제
1) 右側으로 돌면 병원이 나온다. (___ ___)
2) □往左往갈피를 못 잡다. (___ ___)

정답
① 우, 측
② 右, 왕좌왕

83

漢字 한자능력 검정시험 7급(7급II 포함)

月 달 월
8급 月 총4획

밤하늘에 떠 있는 달

필순: 丿 几 月 月

쓰기 93: 月

예제:
- 月給(월급) : 일한 데 대한 삯으로 다달이 받는 일정한 돈
- 月末(월말) : 그달의 끝 무렵

문제:
1) 물가는 오르는 데 月給은 계속 제자리이다. (___ ___)
2) 이번 ☐末에 여행가자. (___ ___)

정답
① 월, 급
② 月, 말

有 있을 유:
7급 月 총6획

손에 고기를 들고 있음

필순: 丿 ナ 才 有 有 有

쓰기 94: 有

예제:
- 有無(유무) : 있음과 없음
- 有能(유능) : 재능이나 능력이 있음

문제:
1) 그 일에 있어 경험의 有無는 중요하다. (___ ___)
2) 그는 성실하고 ☐能한 사람이다. (___ ___)

정답
① 유, 무
② 有, 능

84

배정한자

育 기를 육

7급 月(肉) 총8획

어린 새끼의 연약한 몸을 길러주는 것이 어미

필순: 亠 亠 云 产 育 育 育

쓰기 95 育

예제
- 育兒(육아) : 어린아이를 기름
- 育成(육성) : 길러서 자라게 함

문제
1) 우리나라는 育兒시설이 많이 부족하다. (____ ____)
2) 원예 작물을 □成하다. (____ ____)

정답
① 육, 아
② 육, 성

邑 고을 읍

7급 邑 총7획

사람들이 모여 사는 곳이 고을

필순: 丨 口 口 匚 吊 吊 邑

쓰기 96 邑

예제
- 邑內(읍내) : 읍의 구역 안
- 都邑地(도읍지) : 한 나라의 도읍이 되는 곳

문제
1) 아버지는 邑內에 나가셨다. (____ ____)
2) 오백 년 都□地를 필마로 돌아드니 (____ ____ ____)

정답
① 읍, 내
② 도, 읍, 지

85

배정한자

한 일

손가락을 하나 편 것이 일

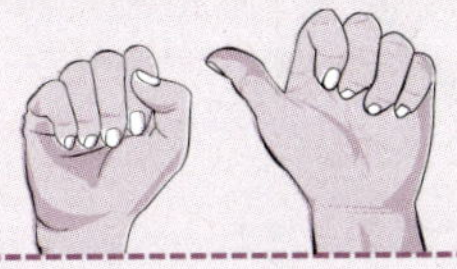

8급 一 총1획

필순 一

쓰기 99

예제
- 一等(일등) : 순위·등급 따위에서 첫째
- 一月(일월) : 한 해의 첫째 달

문제
1) 그는 이번 중간고사에서 전교 一等을 했다. (___ ___)
2) 벌써 올 □月이 다 지나갔다. (___ ___)

정답
① 일, 등
② 一, 월

날 일

하늘에 밝게 떠있는 태양

8급 日 총4획

필순 丨 冂 日 日

쓰기 100

예제
- 日記(일기) : 그날그날 겪은 일이나 감상 등을 적은 개인의 기록
- 日曜日(일요일) : 칠요일의 첫째 날

문제
1) 나는 매일 日記를 쓴다. (___ ___)
2) 이번 □曜□에 가족끼리 외식을 하기로 했다. (___ ___ ___)

정답
① 일, 기
② 日, 요, 日

배정한자

字 글자 자

7급 子 총6획

식구가 늘어나듯 아는 글자가 하나하나 늘어남

필순: 丶 丶 宀 宁 宇 字

쓰기: 字

103

예제
- 漢字(한자) : 중국어를 표기하는 중국 고유의 문자로 우리나라와 일본 등에서 널리 쓰고 있음
- 文字(문자) : 말을 눈으로 볼 수 있도록 나타낸 기호

문제
1) 중국의 경제성장과 함께 漢字의 중요성도 높아지고 있다. (___ ___)
2) 갑골文□는 중국의 고대 상형문자이다. (___ ___)

정답
① 한, 자
② 문, 字

自 스스로 자

7급Ⅱ 自 총6획

스스로 자신의 얼굴을 살펴 봄

필순: 丿 亻 丬 自 自 自

쓰기: 自

104

예제
- 自身(자신) : 제 몸, 자기
- 自動(자동) : 기계 따위가 제힘으로 움직임

문제
1) 네 自身을 알라. (___ ___)
2) 그 문이 □動으로 열렸다. (___ ___)

정답
① 자, 신
② 自, 동

全 온전 전

7급Ⅱ 入 총6획

흠집없는 구슬을 갈듯 온전하게 공사를 함

필순 ノ 入 亼 仐 全 全

쓰기 全

107

예제
- 全國(전국) : 한 나라의 전체, 온 나라
- 完全(완전) : 필요한 것이 모두 갖추어져 있음, 부족함이나 흠이 없음

문제
1) 그는 全國 각지를 떠돌았다. (___ ___)
2) 일을 完□히 마무리하다. (___ ___)

정답
① 전, 국
② 완, 全

前 앞 전

7급Ⅱ 刂(刀) 총9획

노를 저어 앞으로 나아가듯 술술 말이 나옴

필순 丶 丷 丷 쓰 广 方 方 首 前 前

쓰기 前

108

예제
- 前後(전후) : 앞뒤
- 前半(전반) : 전체를 둘로 나누었을 때 앞부분이 되는 절반

문제
1) 일의 前後를 살펴라. (___ ___)
2) □半 축구경기가 이제 막 끝났다. (___ ___)

정답
① 전, 후
② 前, 반

漢字 한자능력 검정시험 7급(7급Ⅱ 포함)

電 번개 전:

7급Ⅱ 雨 총13획

비 오는 날 펼쳐진 번개

필순: 一 冂 冃 币 币 乕 雨 雨 雷 雷 雷 電

쓰기: 電

109

예제
- 電氣(전기) : 전자의 이동으로 생기는 에너지의 한 형태
- 電話(전화) : 말소리를 전파나 전류로 바꾸어 다른 곳으로 보내고, 다른 곳에서 온 전파나 전류를 다시 말소리로 바꾸어 통화를 하게 하는 장치

문제
1) 이제는 산골마을에도 電氣가 들어온다. (___ ___)
2) □話 벨 소리가 울렸다. (___ ___)

정답
① 전, 기
② 電, 화

正 바를 정(:)

7급Ⅱ 止 총5획

사람이 바르게 앉아 마음을 가다듬음

필순: 一 丆 下 下 正

쓰기: 正

110

예제
- 正義(정의) : 사람으로서 지켜야 할 바른 도리
- 正直(정직) : 거짓이나 꾸밈이 없이 마음이 바르고 곧음

문제
1) 正義를 위해 싸우다. (___ ___)
2) 사람은 □直하게 살아야 한다. (___ ___)

정답
① 정, 의
② 正, 직

배정한자

弟 아우 제:

8급 弓 총7획

형의 손아래가 아우

필순: ` ̀ ´ ㅛ ㅛ 彐 弟 弟

쓰기: 弟

111

예제
- 弟子(제자): 스승의 가르침을 받거나 받은 사람
- 兄弟(형제): 형과 아우

문제
1) 스승님, 저를 弟子로 받아주십시오. (____ ____)
2) 그 집은 兄□들의 우애가 돈독하다. (____ ____)

정답
① 제, 자
② 형, 弟

祖 할아비 조

7급 示 총10획

눈에 보이지는 않지만 잊지 말아야 할 조상의 은덕

필순: 一 二 亍 亍 示 礻 初 初 袓 祖

쓰기: 祖

112

예제
- 祖上(조상): 같은 혈통으로 된 할아버지 이상의 대대의 어른
- 祖國(조국): 조상 때부터 살아온 나라

문제
1) 祖上의 얼을 본받자. (____ ____)
2) 안중근 의사는 □國의 해방을 위해 싸웠다. (____ ____)

정답
① 조, 상
② 祖, 국

배정한자

主 주인 주

7급 、 총5획

촛대 위의 불처럼 언제나 앞장 서 주인이 되는 사람

필순: 、 ー ナ 主 主

쓰기: 主

115

예제
- 主人(주인) : 한 집안을 꾸려 나가는 주되는 사람
- 主婦(주부) : 가장의 아내, 주인의 부인

문제
1) 나의 **主人**은 당신이십니다. (___ ___)
2) 그녀는 평범한 가정□婦이다. (___ ___)

정답
① 주, 인
② 主, 부

住 살 주:

7급 亻(人) 총7획

사람들이 머물러 사는 공간

필순: ノ 亻 亻 亻 住 住 住

쓰기: 住

116

예제
- 住居(주거) : 어떤 곳에 자리 잡고 삶
- 住民(주민) : 일정한 곳에 자리를 잡고 사는 국민

문제
1) 아파트는 **住居**문화에 큰 변화를 가져왔다. (___ ___)
2) 마을 □民들이 모여 반상회를 열었다. (___ ___)

정답
① 주, 거
② 住, 민

漢字 한자능력 검정시험 7급(7급II 포함)

中 가운데 중
8급 | 총4획
과녁의 가운데를 꿰뚫음

필순: 丨 冂 口 中

쓰기: 中

117

예제:
- 中立(중립) : 어느 쪽에도 치우치지 않고 중간에 섬
- 中學校(중학교) : 초등학교 교육을 마친 학생들에게 중등 보통 교육을 베푸는 학교

문제:
1) 中立을 지키다. (____ ____)
2) 나는 □學校에 다닌다. (____ ____)

정답
① 중, 립
② 中, 학교

重 무거울 중:
7급 里 총9획
사람이 기구를 이용하여 무거운 것을 들어 올림

필순: 丿 一 二 千 千 盲 盲 重 重

쓰기: 重

118

예제:
- 重要(중요) : 소중하고 중요로움
- 重量(중량) : 무거운 무게

문제:
1) 이 자료는 사업상 매우 重要하다. (____ ____)
2) 이 물건은 □量이 많이 나간다. (____ ____)

정답
① 중, 요
② 重, 량

96

배정한자

地 땅 지

7급 土 총6획

땅의 여기저기에 잇달아 흙이 깔려 있음

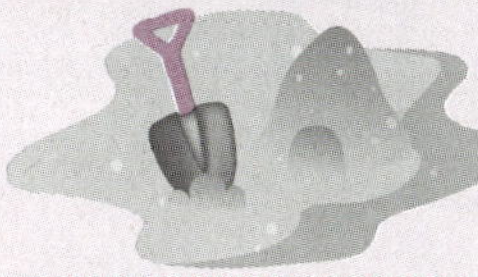

필순 一 十 土 圠 地 地

쓰기 地

119

예제
- 地球(지구) : 인류가 살고 있는 천체
- 地表(지표) : 지구의 표면, 땅의 겉면

문제
1) 하늘에서 본 地球는 참으로 아름답다. (____ ____)
2) 마그마가 □表를 뚫고 솟아오르다. (____ ____)

정답
① 지, 구
② 地, 표

紙 종이 지

7급 糸 총10획

실처럼 가늘고 긴 종이

필순 ㄥ ㄠ ㄠ 쑉 糸 糸 糽 紅 紙 紙

쓰기 紙

120

예제
- 紙匣(지갑) : 가죽이나 헝겊 따위로 자그마하게 만든 주머니와 같은 물건
- 白紙(백지) : 흰 빛깔의 종이

문제
1) 내 紙匣을 도난당했다. (____ ____)
2) 모든 것을 白□상태에서 다시 시작했다. (____ ____)

정답
① 지, 갑
② 백, 紙

漢字 한자능력 검정시험 7급 (7급II 포함)

直 곧을 직

7급II 目 총8획

길고 곧게 뻗은 길

필순: 丨 十 亠 古 亩 肯 直 直

쓰기 121: 直

예제
- 直感(직감) : 사물의 진상을 순간적으로 감지함
- 直行(직행) : 도중에 머물거나 다른 곳에 들르지 않고 곧장 감

문제
1) 위험을 直感하다. (___ ___)
2) 우리는 마을로 가는 □行 버스를 탔다. (___ ___)

정답
① 직, 감
② 直, 행

千 일천 천

7급 十 총3획

많은 수가 모여 이루어진 것이 천

필순: 丿 二 千

쓰기 122: 千

예제
- 千字文(천자문) : 한문을 처음 배우는 사람을 위하여 교과서로 쓰이던 책
- 千里眼(천리안) : 사물을 꿰뚫어 보는 능력

문제
1) 그는 네 살만에 千字文을 떼었다. (___ ___ ___)
2) 그는 미래를 내다보는 □里眼을 가졌다. (___ ___)

정답
① 천, 자, 문
② 千, 리안

배정한자

川 내 천

물이 흘러내리는 모양을 본뜬 것

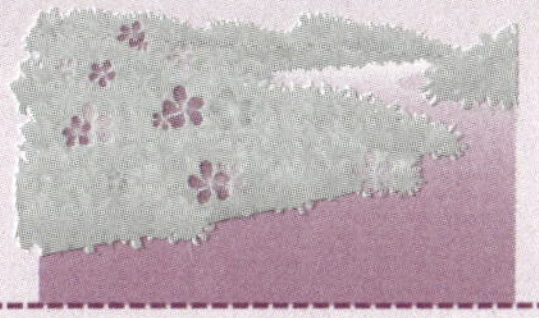

7급 川(巛) 총3획

필순: 丿 丿丿 川

쓰기: 川

예제:
- 河川(하천) : 시내, 강
- 開川(개천) : 개골창 물이 흘러가도록 길게 판 내

문제:
1) 마을 어귀에는 河川이 흐르고 있다. (____ ____)
2) 開□에서 용 난다. (____ ____)

정답
① 하, 천
② 개, 川

天 하늘 천

사람이 사는 곳의 위에 펼쳐진 하늘

7급 大 총4획

필순: 一 二 チ 天

쓰기: 天

예제:
- 天國(천국) : 천상에 있다는 이상적인 세계
- 天主敎(천주교) : 로마 가톨릭교

문제:
1) 그가 天國에 가기를 모두 빕시다. (____ ____)
2) 그는 독실한 □主敎 신자이다. (____ ____)

정답
① 천, 국
② 天, 주교

漢字 한자능력 검정시험 7급(7급Ⅱ 포함)

青 푸를 청

8급 青 총8획

산뜻한 느낌의 푸른색 물감

필순: 一 二 キ 主 圭 青 青 青

쓰기 125: 青

예제:
- 青色(청색) : 푸른빛
- 青春(청춘) : 스무 살 안팎의 젊은 나이를 비유하여 이르는 말

문제:
1) 바닷물이 물감을 풀어놓은 듯 **青色**으로 빛났다. (___ ___)
2) 아까운 □**春**을 허송세월로 보내서는 안 된다. (___ ___)

정답
① 청, 색
② 青, 춘

草 풀 초

7급 艹(艸) 총10획

이른 봄에 돋아나는 풀

필순: 丶 卝 艹 艹 芒 芦 荁 草 草

쓰기 126: 草

예제:
- 草木(초목) : 풀과 나무
- 藥草(약초) : 약으로 쓰이는 풀

문제:
1) 산천**草木**이 우거지다. (___ ___)
2) 산에 **藥**□를 캐러 가다. (___ ___)

정답
① 초, 목
② 약, 草

배정한자

寸 마디 촌

8급 寸 총3획

대나무에 새겨있는 것이 마디

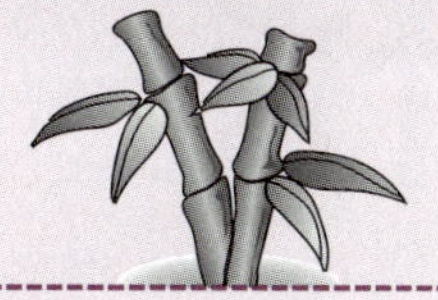

필순: 一 寸 寸

쓰기 127: 寸

예제
- 寸數(촌수) : 친족 간의 멀고 가까운 관계를 나타내는 수
- 四寸(사촌) : 아버지의 친형제의 아들딸

문제
1) 그와 나는 **寸數**가 가깝다. (___ ___)
2) 四□이 땅을 사면 배가 아프다. (___ ___)

정답
① 촌, 수
② 사, 寸

村 마을 촌:

7급 木 총7획

규칙적으로 나무들이 세워진 마을

필순: 一 十 才 木 木 村 村

쓰기 128: 村

예제
- 農村(농촌) : 농사를 생업으로 삼는 주민이 대부분인 마을
- 漁村(어촌) : 어민이 모여 사는 바닷가에 있는 마을

문제
1) 그는 가난한 **農村**에서 태어났다. (___ ___)
2) 출항을 끝마친 **漁**□ 풍경이 한가로워 보였다. (___ ___)

정답
① 농, 촌
② 어, 村

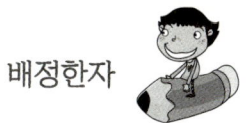

出

날 출

7급 凵 총5획

식물이 땅속에서 돋아남

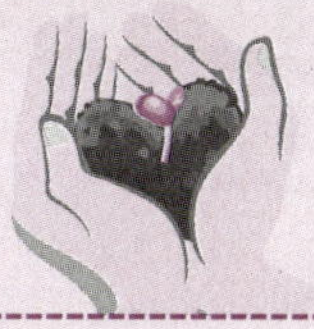

필순 丨 屮 屮 出 出

쓰기 出

131

예제

- 出世(출세) : 사회적으로 높이 되거나 유명해짐
- 出席(출석) : 수업이나 회합 · 집회 따위에 나감

문제

1) 그는 대기업 임원으로 **出世**하였다. (___ ___)
2) 그는 학교 수업에 □**席**하지 않았다. (___ ___)

정답
① 출, 세
② 出, 석

七

일곱 칠

8급 一 총2획

열에서 셋을 뺀 것이 일곱

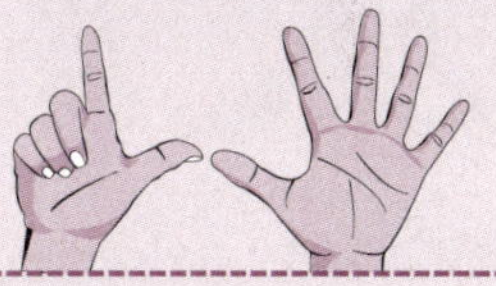

필순 一 七

쓰기 七

132

예제

- 七月(칠월) : 한 해의 일곱째 달
- 七旬(칠순) : 일흔 날

문제

1) 우리나라 **七月**은 보통 장마철이다. (___ ___)
2) 그 노인은 올해 □**旬**이시다. (___ ___)

정답
① 칠, 월
② 七, 순

大

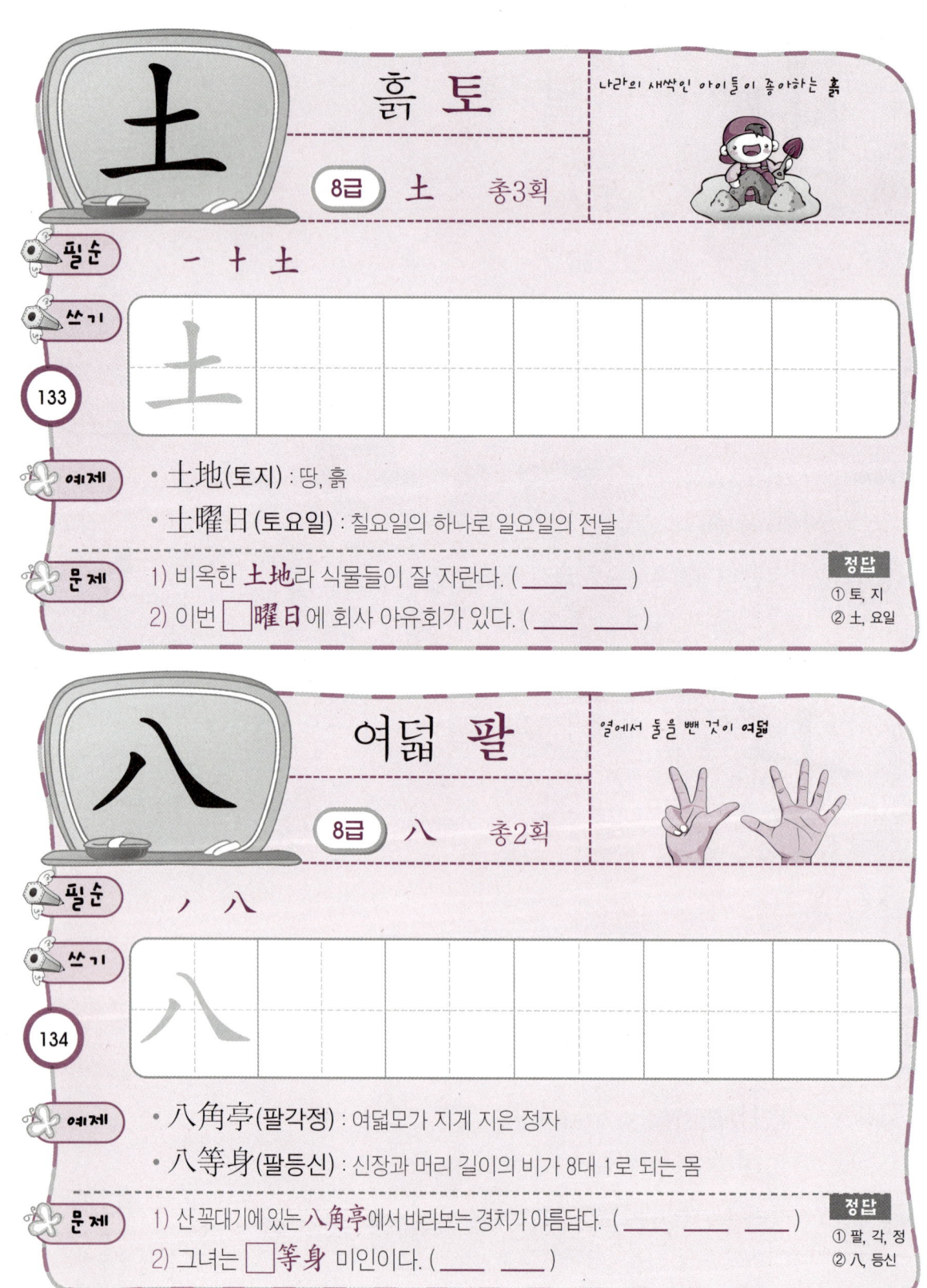

배정한자

편할 편(:) / 똥오줌 변: 사람이 물건을 편하도록 고침

7급   亻(人)   총9획

필순 ノ 亻 亻 乍 乍 佰 佰 便 便

쓰기 便

135

예제
- 便安(편안) : 몸이나 마음이 편하고 좋음
- 便利(편리) : 어떤 일을 하는 데 편하고 이용하기 쉬움

문제
1) 便安한 오후 되세요. (___ ___)
2) 교통이 □利하다. (___ ___)

정답
① 편, 안
② 便, 리

평평할 평   물위의 물풀이 떠 있는 모양을 본뜬 것

7급Ⅱ   干   총5획

필순 一 ㄱ 厂 조 平

쓰기 平

136

예제
- 平和(평화) : 평온하고 화목함
- 平等(평등) : 치우침이 없이 모두가 한결같음, 차별이 없이 동등함

문제
1) 인류의 平和를 위하여 애쓰다. (___ ___)
2) 모든 국민은 법 앞에 □等하다. (___ ___)

정답
① 평, 화
② 평, 등

漢字 한자능력 검정시험 7급(7급Ⅱ 포함)

下

아래 하:

7급Ⅱ 　一　　총3획

사물의 아래

필순: 一 丁 下

쓰기: 下

137

예제:
- 下落(하락) : 아래로 떨어짐
- 地下鐵(지하철) : 땅속에 굴을 파서 부설한 철도

문제:
1) 주가가 下落하다. (___ ___)
2) 서울은 地□鐵이 발달해 있다. (___ ___ ___)

정답
① 하, 락
② 지, 下, 철

夏

여름 하:

7급 　夊　　총10획

머리부터 발끝까지 물에 담그고 싶어지는 여름

필순: 一 丆 丆 丆 芦 百 百 頁 夏 夏

쓰기: 夏

138

예제:
- 夏季(하계) : 여름의 시기, 여름철
- 夏服(하복) : 여름철의 옷

문제:
1) 곧 夏季 방학이 시작된다. (___ ___)
2) 여름에는 □服을 입는다. (___ ___)

정답
① 하, 계
② 夏, 복

106

배정한자

배울 학

8급 子 총16획

아이들이 양손에 책을 들고 배움

필순: ` ´ ꜰ ꜰ ꜰ´ ꜰ´´ ꜰ³ ꜰ³ 邱 龯 龯 與 學 學 學

쓰기: 學

139

예제:
- 學校(학교) : 교육·학습에 필요한 설비를 갖추고 학생을 모아 일정한 교육 목적 아래 교사가 지속적으로 교육을 하는 기관
- 學生(학생) : 버스가 학생들로 만원이다.

문제:
1) 그는 초등☐校 밖에 다니지 못했다. (___ ___)
2) 그는 學生때 키가 지금 그대로이다. (___ ___)

정답
① 學, 교
② 학, 생

한수/한나라 한:

7급Ⅱ 氵(水) 총14획

양자강 하류지역에 있던 한나라

필순: ` ` 氵 汀 汁 汁 浐 浐 浐 浐 漢 漢 漢

쓰기: 漢

140

예제:
- 漢文(한문) : 한자로 씌어진 글
- 漢江(한강) : 우리나라의 중부에 있는 강

문제:
1) 중국의 경제성장으로 漢文의 중요성이 높아지고 있다. (___ ___)
2) 우리나라의 눈부신 발전을 ☐江의 기적이라고 한다. (___ ___)

정답
① 한, 문
② 漢, 강

漢字 한자능력 검정시험 7급(7급Ⅱ 포함)

韓 나라이름 한(ː)

동방예의지국이라 불리는 우리나라

8급 韋 총17획

필순: 一 十 十 古 古 古 直 卓 훡 훡 훡 훡 훡 훡 훡 韓

쓰기: 韓

141

예제
- 韓國(한국) : 대한민국
- 韓服(한복) : 한국 고유의 의복

문제
1) 예로부터 **韓國**은 동방예의지국이다. (____ ____)
2) 설날에는 □服을 입고 웃어른께 세배를 한다. (____ ____)

정답
① 한, 국
② 韓, 복

海 바다 해ː

많은 물이 모여 이루어진 것이 바다

7급Ⅱ 氵(水) 총10획

필순: 丶 丶 氵 氵 汒 汒 海 海 海 海

쓰기: 海

142

예제
- 海軍(해군) : 해상의 국방을 위한 군대
- 東海(동해) : 동쪽 바다

문제
1) 바다는 **海軍**이, 하늘은 공군이, 땅은 육군이 지킨다. (____ ____)
2) 東□는 서해보다 깊다. (____ ____)

정답
① 해, 군
② 동, 海

108

배정한자

兄 맏 형

8급 　儿　 총5획

아우를 달래고 가르쳐주는 사람이 형

필순 ㅣ ㅁ ㅁ ㅁ 兄

쓰기 兄

143

예제
- 兄弟(형제) : 형과 아우
- 兄夫(형부) : 언니의 남편

문제
1) 그 집은 兄弟들의 우애가 돈독하다. (___ ___)
2) 우리 집 □夫와 처제들은 사이가 좋다. (___ ___)

정답
① 형, 제
② 兄, 부

火 불 화(:)

8급 　火　 총4획

활활 타오르는 불의 모양을 본뜸

필순 ㅇ ㅇ ㅇ 火 火

쓰기 火

144

예제
- 火災(화재) : 불이 나는 재앙
- 火傷(화상) : 뜨거운 열에 데어서 상함

문제
1) 火災가 나면 소방차가 출동한다. (___ ___)
2) 그는 어젯밤 화재로 심한 □傷을 입었다. (___ ___)

정답
① 화, 재
② 火, 상

ㅎ

109

배정한자

活 살 활/물소리 괄

7급Ⅱ 氵(水) 총9획

물결이 부딪치듯 힘차게 움직임

필순 ` ` ` 氵 氵 汗 沃 活 活

쓰기 147 活

예제
- 死活(사활) : 죽음과 삶
- 快活(쾌활) : 명랑하고 활발함

문제
1) 그것은 死活이 걸린 문제이다. (___ ___)
2) 그녀는 성격이 快□하고 명랑하다. (___ ___)

정답
① 사, 활
② 쾌, 活

孝 효도 효:

7급Ⅱ 子 총7획

자식이 나이 든 부모에게 효도함

필순 ー 十 土 耂 耂 孝 孝

쓰기 148 孝

예제
- 孝心(효심) : 효성스러운 마음
- 孝道(효도) : 어버이를 잘 섬김 또는 그 도리

문제
1) 엄하게 키운 자식일수록 부모에 대한 孝心이 지극한 법이다. (___ ___)
2) 어버이에 대한 □道는 자식도 배운다. (___ ___)

정답
① 효, 심
② 孝, 도

漢字 한자능력 검정시험 7급(7급II 포함)

後 뒤 후:

걸음이 늦어져 자꾸만 뒤로 감

7급II 彳 총9획

필순: ノ 彳 彳 彳 彳 彳 彳 後 後

쓰기: 後

149

예제
- 後退(후퇴): 뒤로 물러감
- 死後(사후): 죽은 뒤

문제
1) 작전상 後退하라. (___ ___)
2) 그의 死□에 모든 것이 변했다. (___ ___)

정답
① 후, 퇴
② 사, 後

休 쉴 휴

사람이 나무 옆에 앉아 쉼

7급 亻(人) 총6획

필순: ノ 亻 亻 什 休 休

쓰기: 休

150

예제
- 休暇(휴가): 학교나 직장 따위에서 일정한 기간 동안 쉬는 일
- 休業(휴업): 학업이나 영업을 얼마 동안 쉼

문제
1) 나는 회사에 休暇를 내고 여행을 갔다. (___ ___)
2) 내부 사정상 금일 □業입니다. (___ ___)

정답
① 휴, 가
② 休, 업

한자능력 검정시험 7급(7급II 포함)

1 반의자

ㄱ				ㄹ			
강산	江山	강 산	강 산	로(노)소	老少	늙을 적을	로 소
강약	強弱	굳셀 약할	강 약	ㅁ			
				문답	問答	물을 대답	문 답
고락	苦樂	쓸 즐거울	고 락	문무	文武	글월 굳셀	문 무
교학	敎學	가르칠 배울	교 학	물심	物心	물건 마음	물 심
근원	近遠	가까울 멀	근 원	ㅂ			
ㄴ				부부	夫婦	지아비 지어미	부 부
남녀	男女	사내 계집	남 녀	ㅅ			
				사활	死活	죽을 살	사 활
남북	南北	남녘 북녘	남 북	산천	山川	메 내	산 천
내외	內外	안 바깥	내 외	산하	山河	메 물	산 하
ㄷ							
다소	多少	많을 적을	다 소	산해	山海	메 바다	산 해
대소	大小	큰 작을	대 소	상하	上下	위 아래	상 하
동서	東西	동녘 서녘	동 서	생사	生死	날 죽을	생 사

반의자

선후	先後	먼저 뒤	선 후
수족	手足	손 발	수 족
수화	水火	물 불	수 화
심신	心身	마음 몸	심 신
안위	安危	편안할 위태할	안 위
언행	言行	말씀 다닐	언 행
유무	有無	있을 없을	유 무
일월	日月	날 달	일 월
자타	自他	스스로 다를	자 타
장단	長短	긴 짧을	장 단
전화	戰和	싸울 화할	전 화

전후	前後	앞 뒤	전 후
조석	朝夕	아침 저녁	조 석
조손	祖孫	할아비 손자	조 손
좌우	左右	왼 오른	좌 우
주객	主客	주인 손	주 객
주야	晝夜	낮 밤	주 야
천지	天地	하늘 땅	천 지
춘추	春秋	봄 가을	춘 추
출입	出入	날 들	출 입
형제	兄弟	맏 아우	형 제

115

한자능력 검정시험 7급(7급II 포함)

2 사자성어

1. 甲男乙女 (갑남을녀)
甲이라는 남자와 乙이라는 여자라는 뜻으로, 신분이나 이름이 알려지지 아니한 그저 평범한 사람들을 이르는 말
유 匹夫匹婦(필부필부) 張三李四(장삼이사) 善男善女(선남선녀)

2. 見物生心 (견물생심)
물건을 보면 욕심이 생긴다는 뜻

3. 結草報恩 (결초보은)
풀을 묶어서 은혜를 갚는다는 뜻으로, 죽어 혼이 되더라도 입은 은혜를 잊지 않고 갚음
유 白骨難忘(백골난망) 刻骨難忘(각골난망)

4. 苦盡甘來 (고진감래)
쓴 것이 다하면 단 것이 온다는 뜻으로, 고생 끝에 낙이 온다는 말

5. 九死一生 (구사일생)
여러 차례 죽을 고비를 겪고 간신히 목숨을 건짐

사자성어

6. 九牛一毛 (구우일모)
아홉 마리 소에 털 한 가닥이 빠진 정도라는 뜻으로, 대단히 많은 것 중의 아주 적은 것을 비유하여 일컬음
유 滄海一粟(창해일속) 大海一滴(대해일적)

7. 起死回生 (기사회생)
죽을 뻔하다가 다시 살아남

8. 南男北女 (남남북녀)
예전부터 우리나라에서 남쪽 지방은 남자가 잘나고, 북쪽 지방은 여자가 곱다는 뜻으로 쓰이는 말

9. 男女有別 (남녀유별)
남자와 여자는 분별이 있음

10. 內憂外患 (내우외환)
내부에서 일어나는 근심과 외부로부터 받는 근심, 즉 나라 안팎의 여러 가지 어려운 일들을 말함

한자능력 검정시험 7급(7급II 포함)

11. 多多益善 (다다익선)
많으면 많을수록 더욱 좋다는 말

12. 大同小異 (대동소이)
거의 같고 조금 다름, 즉 작은 부분에서만 다르고 전체적으로는 같음을 의미함

13. 大義名分 (대의명분)
사람으로서 마땅히 지켜야 할 중대한 의리와 명분

14. 東問西答 (동문서답)
동쪽을 묻는데 서쪽을 대답한다는 뜻으로, 묻는 말에 대하여 전혀 엉뚱한 대답을 함을 의미함

15. 馬耳東風 (마이동풍)
남의 비평이나 의견을 조금도 귀담아 듣지 아니하고 흘려버림을 이르는 말

유 對牛彈琴(대우탄금) 牛耳讀經(우이독경)

사자성어

16 無爲自然 (무위자연)
인공을 가하지 않은 그대로의 자연이라는 뜻으로, 인위적인 것을 부정하는 노장사상의 근본 개념을 이룸

17 聞一知十 (문일지십)
한 가지를 들으면 열 가지를 미루어 안다는 뜻으로, 총명함을 이르는 말

18 門前成市 (문전성시)
대문 앞이 시장을 이룬다는 뜻으로, 세도가나 부잣집 문 앞이 방문객으로 시장을 이루다시피 함을 이르는 말
- 유 門前若市(문전약시)
- 반 門前雀羅(문전작라)

19 百年大計 (백년대계)
먼 앞날까지 내다보고 먼 뒷날까지 걸쳐 세우는 큰 계획

20 百年河淸 (백년하청)
백년을 기다린다 해도 황하의 흐린 물은 맑아지지 않는다는 뜻으로, 오랫동안 기다려도 바라는 것이 이루어질 수 없음을 이르는 말

한자능력 검정시험 7급(7급Ⅱ 포함)

21. 百發百中 (백발백중)
백 번 쏘아 백 번 모두 맞는다는 뜻으로, 계획한 일마다 실패 없이 잘 됨을 의미함

22. 白衣民族 (백의민족)
예로부터 흰 옷을 숭상하여 즐겨 입은 한 민족을 이르는 말

23. 父傳子傳 (부전자전)
대대로 아버지가 아들에게 전함 또는 아버지와 자식이 서로 그 버릇이나 습관이 비슷함을 말함
유 父傳子承(부전자승) 父子相傳(부자상전)

24. 不可思議 (불가사의)
사람의 생각으로는 미루어 헤아릴 수도 없다는 뜻으로, 사람의 힘이 미치지 못하고 상상조차 할 수 없는 오묘한 것
유 不可知解(불가지해) 法苑珠林(법원주림)

25. 不可抗力 (불가항력)
인간의 힘만으로는 도저히 저항해 볼 수도 없는 힘이라는 뜻으로, 천재지변 등 사람의 힘이 미치지 못하는 자연의 위대한 힘을 이르는 말

사자성어

26 事必歸正 사필귀정
처음에는 시비와 곡직을 가리지 못하여 그릇되더라도 모든 일은 결국에 가서는 반드시 바른 길로 돌아옴

27 山川草木 산천초목
산천과 초목, 즉 산과 물과 풀과 나무라는 뜻으로 자연을 일컬음

28 三尺童子 삼척동자
키가 석 자 밖에 되지 않는 어린 아이라는 뜻으로, 철모르는 어린 아이를 이르는 말

29 先見之明 선견지명
앞을 내다보는 안목이라는 뜻으로, 장래를 미리 예측하는 날카로운 견식을 두고 이르는 말

30 水魚之交 수어지교
물과 물고기의 사귐이란 뜻으로, 임금과 신하 또는 부부 사이처럼 매우 친밀한 관계를 이르는 말

유 魚水之親(어수지친)

한자능력 검정시험 7급(7급Ⅱ 포함)

31 身土不二 신토불이
몸과 태어난 땅은 하나라는 뜻으로, 우리 땅에서 나는 우리 농산물이 몸에 좋다는 것을 말함

32 漁父之利 어부지리
어부의 이익이라는 뜻으로, 둘이 다투는 틈을 타서 엉뚱한 제3자가 이익을 가로챔을 이르는 말
유 犬兎之爭(견토지쟁) 蚌鷸之爭(방휼지쟁)

33 言中有骨 언중유골
말 속에 뼈가 있다는 뜻으로, 예사로운 표현 속에 만만치 않은 뜻이 들어 있음

34 耳目口鼻 이목구비
귀·눈·입·코를 아울러 이르는 말

35 一口二言 일구이언
한 입으로 두 말을 한다는 뜻으로, 말을 이랬다저랬다 함을 이르는 말

사자성어

36 一石二鳥 일석이조
돌 하나로 두 마리의 새를 잡는다는 뜻으로, 한 가지 일로 두 가지 이익을 얻음을 비유하여 이름
유 一擧兩得(일거양득)

37 一言之下 일언지하
말 한마디로 끊음, 즉 한마디로 딱 잘라 말함

38 一長一短 일장일단
장점도 있고 단점도 있음을 뜻함

39 一片丹心 일편단심
한 조각의 붉은 마음이라는 뜻으로, 변하지 않는 참된 충성이나 정성을 표현함

40 自給自足 자급자족
자기가 필요한 것을 스스로 생산하여 충당함

한자능력 검정시험 7급(7급II 포함)

41 自問自答 자 문 자 답
스스로 묻고 스스로 대답한다는 뜻으로, 마음속으로 대화함을 이르는 말

42 自手成家 자 수 성 가
물려받은 재산 없이 스스로의 힘으로 일가를 이룸, 즉 스스로의 힘으로 사업을 이룩하거나 큰 일을 이룸

43 作心三日 작 심 삼 일
마음 먹은 지 삼일이 못간다는 뜻으로, 한 번 결심한 것이 오래 가지 못함을 뜻함

44 鳥足之血 조 족 지 혈
새발의 피란 뜻으로, 분량이 극히 적거나 비교가 안 될만한 작은 물건을 말함

45 左之右之 좌 지 우 지
왼쪽으로 돌렸다 오른쪽으로 돌렸다 한다는 뜻으로, 사람이 어떤 일이나 대상을 제 마음대로 처리하거나 다루는 것을 말함

사자성어

46 左衝右突 (좌충우돌)
이리저리 닥치는 대로 부딪침

47 竹馬故友 (죽마고우)
대나무 말을 타고 놀던 옛 친구라는 뜻으로, 어릴 때부터 가까이 지내며 자란 친구를 말함
유 竹馬舊友(죽마구우) 騎竹之交(기죽지교)

48 天長地久 (천장지구)
하늘과 땅이 오래도록 변하지 않는다는 뜻으로, 사물이 오래토록 계속됨을 이르는 말

49 千差萬別 (천차만별)
여러 가지 사물이 모두 차이가 있고 구별이 있음을 뜻함
유 千態萬象(천태만상)

50 靑天白日 (청천백일)
맑게 갠 하늘에서 밝게 비치는 해라는 뜻으로, 누구나 다 볼 수 있도록 공개된 상황이나 일을 말함

 한자능력 검정시험 **7급**(7급II 포함)

51. 清風明月 (청풍명월)
맑은 바람과 밝은 달이라는 뜻으로, 결백하고 온건한 성격의 사람을 평하여 이르는 말

유) 江湖煙波(강호연파) 山紫水明(산자수명)

52. 他山之石 (타산지석)
다른 산에 있는 하찮은 돌도 자기 구슬을 가는데 도움이 된다는 말로, 다른 사람의 하찮은 언행도 자기의 지식과 인격을 닦는 데 도움이 됨을 뜻함

53. 八方美人 (팔방미인)
어느 모로 보나 아름다운 미인, 즉 모든 면에서 두루 능통한 사람을 이름

54. 風前燈火 (풍전등화)
바람 앞의 등불이란 뜻으로, 존망이 달린 매우 위급한 처지를 비유하여 이르는 말

유) 百尺竿頭(백척간두) 一觸卽發(일촉즉발) 累卵之危(누란지위)

7급 제1회 기출 및 예상문제

問 1-32

다음 漢字語(한자어)의 讀音(독음)을 쓰세요.

【例 예】 漢字 ⇨ 한자

1. 出世
2. 正直
3. 歌手
4. 便安
5. 事物
6. 間食
7. 來日
8. 力道
9. 里長
10. 立冬
11. 每年
12. 姓名
13. 生命
14. 午後
15. 家門
16. 北韓
17. 西海
18. 先生
19. 市民
20. 敎室
21. 孝心
22. 場所
23. 弟子
24. 祖上
25. 重力
26. 白紙
27. 靑色
28. 草木
29. 左右
30. 寸數
31. 地下
32. 同時

問 33-52

다음 漢字(한자)의 훈(訓 : 뜻)과 음(音 : 소리)을 쓰세요.

【例 예】 字 ⇨ 글자 자

33. 休
34. 活
35. 夏
36. 主
37. 語
38. 少
39. 村
40. 夕
41. 百
42. 有
43. 算
44. 秋
45. 自
46. 方
47. 天
48. 面
49. 動
50. 全
51. 然
52. 足

한자능력 검정시험 7급(7급II 포함)

❓ **53-54**

다음 밑줄 친 단어의 漢字語(한자어)를 〈보기〉에서 골라 그 번호를 쓰세요.

【보기】　①電車　②國旗　③空中　④數學

53. 국경일에는 <u>국기</u>를 게양합니다.

54. <u>수학</u>은 어렵게 출제 되었습니다.

❓ **55-64**

다음 훈(訓 : 뜻)과 음(音 : 소리)에 맞는 漢字(한자)를 〈보기〉에서 골라 그 번호를 쓰세요.

【보기】　①話　②住　③土　④農　⑤春
　　　　　⑥育　⑦花　⑧夫　⑨洞　⑩邑

55. 말씀 화　　　　　**56.** 농사 농

57. 골 동　　　　　　**58.** 꽃 화

59. 살 주　　　　　　**60.** 지아비 부

61. 기를 육　　　　　**62.** 봄 춘

63. 고을 읍　　　　　**64.** 흙 토

問 65-66

다음 漢字(한자)의 상대 또는 반대되는 漢字(한자)를 보기에서 골라 그 번호를 쓰세요.

【보기】 ①男 ②前 ③工 ④外

65. (   ) ↔ 女

66. 內 ↔ (   )

問 67-68

다음 漢字語(한자어)의 뜻을 쓰세요.

67. 登山

68. 老人

問 69-70

다음 漢字(한자)의 ㉠ 획은 몇 번째 쓰는지 〈보기〉에서 찾아 그 번호를 쓰세요. (화살표는 ㉠ 획의 위치와 획을 쓰는 방향을 나타냅니다.)

【例】
① 첫 번째　　② 두 번째　　③ 세 번째
④ 네 번째　　⑤ 다섯 번째　⑥ 여섯 번째
⑦ 일곱 번째　⑧ 여덟 번째

69. 平㉠

70.

7급 제2회 기출 및 예상문제

問 1-20

다음 漢字(한자)의 훈(訓 : 뜻)과 음(音 : 소리)을 쓰세요.

【例 예】 字 ⇨ 글자 자

1. 世
2. 正
3. 草
4. 車
5. 白
6. 育
7. 門
8. 工
9. 命
10. 民
11. 旗
12. 方
13. 里
14. 海
15. 不
16. 植
17. 東
18. 花
19. 先
20. 紙

問 21-52

다음 漢字語(한자어)의 讀音(독음)을 쓰세요.

【例 예】 漢字 ⇨ 한자

21. 電話
22. 問答
23. 小心
24. 老人
25. 七夕
26. 國語
27. 校歌
28. 孝子
29. 自然
30. 安全
31. 重大
32. 空中
33. 時間
34. 漢江
35. 活力
36. 來韓
37. 男便
38. 入口
39. 軍氣
40. 農村
41. 手足
42. 食事
43. 每日
44. 家長
45. 靑春
46. 算數
47. 兄弟
48. 市場
49. 所有
50. 邑內
51. 少年
52. 百姓

問 53-62

다음 훈(訓 : 뜻)과 음(音 : 소리)에 맞는 漢字(한자)를 〈보기〉에서 골라 그 번호를 쓰세요.

【보기】 ①記 ②平 ③色 ④夏 ⑤敎
⑥同 ⑦主 ⑧安 ⑨地 ⑩直

53. 한가지 동

54. 주인 주

55. 빛 색

56. 기록할 기

57. 여름 하

58. 곧을 직

59. 편안할 안

60. 평평할 평

61. 가르칠 교

62. 땅 지

問 63-64

다음 밑줄 친 단어의 漢字語(한자어)를 〈보기〉에서 골라 그 번호를 쓰세요.

【보기】 ①立冬 ②生物 ③出動 ④母女

63. 작은 <u>생물</u>이라도 소중히 여겨야 합니다.

64. 불이 나서 소방차가 <u>출동</u>했습니다.

問 65-66

다음 漢字(한자)의 상대 또는 반대되는 漢字(한자)를 〈보기〉에서 골라 그 번호를 쓰세요.

【보기】   ①夫 ②北 ③左 ④後

65. 前 ↔ (   )

66. (   ) ↔ 右

問 67-68

다음 漢字語(한자어)의 뜻을 쓰세요

67. 祖父

68. 休學

問 69-70

다음 漢字(한자)의 ㉠ 획은 몇 번째 쓰는지 〈보기〉에서 찾아 그 번호를 쓰세요. (화살표는 ㉠ 획의 위치와 획을 쓰는 방향을 나타냅니다.)

【例】	① 첫 번째	② 두 번째	③ 세 번째
	④ 네 번째	⑤ 다섯 번째	⑥ 여섯 번째
	⑦ 일곱 번째	⑧ 여덟 번째	

69.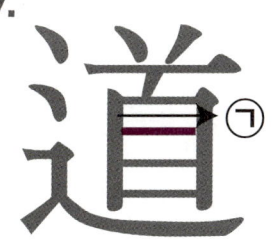

70.

7급 제3회 기출 및 예상문제

問 1-32

다음 漢字語(한자어)의 讀音(독음)을 쓰세요.

【例 예】 漢字 ⇨ 한자

1. 母校
2. 食水
3. 日記
4. 西海
5. 國歌
6. 草家
7. 住民
8. 金色
9. 手話
10. 生活
11. 動力
12. 時空
13. 電氣
14. 兄夫
15. 名門
16. 登場
17. 工事
18. 先祖
19. 軍旗
20. 車道
21. 天主
22. 每月
23. 同數
24. 百方
25. 所重
26. 敎育
27. 長男
28. 農土
29. 王立
30. 算出
31. 父子
32. 市內

問 33-52

다음 漢字(한자)의 훈(訓:뜻)과 음(音:소리)을 쓰세요.

【例 예】 字 ⇨ 글자 자

33. 夏   34. 平   35. 直
36. 冬   37. 物   38. 姓
39. 萬   40. 少   41. 里
42. 語   43. 心   44. 林
45. 足   46. 問   47. 紙
48. 登   49. 然   50. 安
51. 植   52. 命

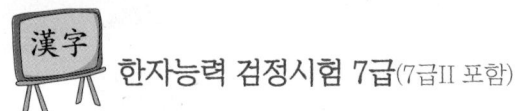

問 53-54

다음 밑줄 친 단어의 漢字語(한자어)를 〈보기〉에서 골라 그 번호를 쓰세요.

【보기】 ①入室 ②文學 ③面前 ④山中

53. <u>면전</u>에서 말하기는 쑥스럽습니다.

54. <u>문학</u> 시간에 소설을 배웠습니다.

問 55-64

다음 훈(訓 : 뜻)과 음(音 : 소리)에 맞는 漢字(한자)를 〈보기〉에서 골라 그 번호를 쓰세요.

【보기】 ①秋 ②千 ③間 ④重 ⑤語
       ⑥江 ⑦靑 ⑧韓 ⑨答 ⑩全

55. 사이 간　　　　　56. 가을 추

57. 대답 답　　　　　58. 푸를 청

59. 일천 천　　　　　60. 말씀 어

61. 무거울 중　　　　62. 나라이름 한

63. 온전 전　　　　　64. 강 강

問 65-66

다음 漢字(한자)의 상대 또는 반대되는 漢字(한자)를 〈보기〉에서 골라 그 번호를 쓰세요.

【보기】　①地　②東　③上　④北

65. 天　↔　(　　)

66. (　　)　↔　下

問 67-68

다음 漢字語(한자어)의 뜻을 쓰세요

67. 外出

68. 不正

問 69-70

다음 漢字(한자)의 ㉠ 획은 몇 번째 쓰는지 〈보기〉에서 찾아 그 번호를 쓰세요. (화살표는 ㉠ 획의 위치와 획을 쓰는 방향을 나타냅니다.)

【例】	① 첫 번째	② 두 번째	③ 세 번째
	④ 네 번째	⑤ 다섯 번째	⑥ 여섯 번째
	⑦ 일곱 번째	⑧ 여덟 번째	

69.

70.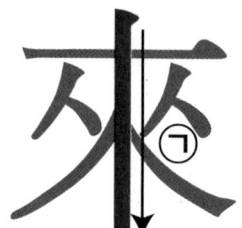

7급 제1회 정답

1. 출세
2. 정직
3. 가수
4. 편안
5. 사물
6. 간식
7. 내일
8. 역도
9. 이장
10. 입동
11. 매년
12. 성명
13. 생명
14. 오후
15. 가문
16. 북한
17. 서해
18. 선생
19. 시민
20. 교실
21. 효심
22. 장소
23. 제자
24. 조상
25. 중력
26. 백지
27. 청색
28. 초목
29. 좌우
30. 촌수
31. 지하
32. 동시
33. 쉴 휴
34. 살 활
35. 여름 하
36. 주인 주
37. 말씀 어
38. 적을 소
39. 마을 촌
40. 저녁 석
41. 일백 백
42. 있을 유
43. 셈 산
44. 가을 추
45. 스스로 자
46. 모 방
47. 하늘 천
48. 낮 면
49. 움직일 동
50. 온전 전
51. 그러할 연
52. 발 족
53. ②
54. ④
55. ①
56. ④
57. ⑨
58. ⑦
59. ②
60. ⑧
61. ⑥
62. ⑤
63. ⑩
64. ③
65. ①
66. ④
67. 산에 오름
68. 나이가 많은 사람
69. ③
70. ⑤

7급 제2회 정답

1. 세상 세
2. 바를 정
3. 풀 초
4. 수레 거 / 차
5. 흰 백
6. 기를 육
7. 문 문
8. 장인 공
9. 목숨 명
10. 백성 민
11. 깃발 기
12. 모 방
13. 마을 리
14. 바다 해
15. 아닐 불 / 부
16. 심을 식
17. 동녘 동
18. 꽃 화
19. 먼저 선
20. 종이 지
21. 전화
22. 문답
23. 소심
24. 노인
25. 칠석
26. 국어
27. 교가
28. 효자
29. 자연
30. 안전
31. 중대
32. 공중
33. 시간
34. 한강
35. 활력
36. 내한
37. 남편
38. 입구
39. 군기
40. 농촌
41. 수족
42. 식사
43. 매일
44. 가장
45. 청춘
46. 산수
47. 형제
48. 시장
49. 소유
50. 읍내
51. 소년
52. 백성
53. ⑥
54. ⑦
55. ③
56. ①
57. ④
58. ⑩
59. ⑧
60. ②
61. ⑤
62. ⑨
63. ②
64. ③
65. ④
66. ③
67. 할아버지
68. 학업을 쉼
69. ⑦
70. ⑤

7급 제3회 정답

1. 모교
2. 식수
3. 일기
4. 서해
5. 국가
6. 초가
7. 주민
8. 금색
9. 수화
10. 생활
11. 동력
12. 시공
13. 전기
14. 형부
15. 명문
16. 등장
17. 공사
18. 선조
19. 군기
20. 차도
21. 천주
22. 매월
23. 동수
24. 백방
25. 소중
26. 교육
27. 장남
28. 농토
29. 왕립
30. 산출
31. 부자
32. 시내
33. 여름 하
34. 평평할 평
35. 곧을 직
36. 겨울 동
37. 만물 물
38. 성 성
39. 일만 만
40. 적을 소
41. 마을 리
42. 말씀 어
43. 마음 심
44. 수풀 림
45. 발 족
46. 물을 문
47. 종이 지
48. 오를 등
49. 그러할 연
50. 편안할 안
51. 심을 식
52. 목숨 명
53. ③
54. ②
55. ③
56. ①
57. ⑨
58. ⑦
59. ②
60. ⑤
61. ④
62. ⑧
63. ⑩
64. ⑥
65. ①
66. ③
67. 밖으로 나감
68. 바르지 않음
69. ⑤
70. ⑥

■ 사단법인 한국어문회　　　　　　　　　　　　　　　　　　　7 0 1

수험번호 □□□-□□-□□□□　　성명 □□□□□
생년월일 □□□□□□　※ 주민등록번호 앞 6자리 숫자를 기입하십시오.　※ 성명은 한글로 작성
※ 필기구는 검정색 볼펜만 가능
※ 답안지는 컴퓨터로 처리되므로 구기거나 더럽히지 마시고, 정답 칸 안에만 쓰십시오.
　글씨가 채점란으로 들어오면 오답처리가 됩니다.

전국한자능력검정시험 7급 답안지(1) (시험시간:50분)

번호	답안란 정답	채점란 1검	채점란 2검	번호	답안란 정답	채점란 1검	채점란 2검	번호	답안란 정답	채점란 1검	채점란 2검
1				12				23			
2				13				24			
3				14				25			
4				15				26			
5				16				27			
6				17				28			
7				18				29			
8				19				30			
9				20				31			
10				21				32			
11				22				33			

감독위원	채점위원(1)	채점위원(2)	채점위원(3)
(서명)	(득점) (서명)	(득점) (서명)	(득점) (서명)

※ 뒷면으로 이어짐

전국한자능력검정시험 7급 답안지(2)

번호	답안란 정답	채점란 1검	채점란 2검	번호	답안란 정답	채점란 1검	채점란 2검	번호	답안란 정답	채점란 1검	채점란 2검
34				47				60			
35				48				61			
36				49				62			
37				50				63			
38				51				64			
39				52				65			
40				53				66			
41				54				67			
42				55				68			
43				56				69			
44				57				70			
45				58							
46				59							

■ 사단법인 한국어문회   7 0 1 ■

수험번호 □□□-□□-□□□□   성명 □□□□□
생년월일 □□□□□□ ※ 주민등록번호 앞 6자리 숫자를 기입하십시오. ※ 성명은 한글로 작성
                                                                  ※ 필기구는 검정색 볼펜만 가능
※ 답안지는 컴퓨터로 처리되므로 구기거나 더럽히지 마시고, 정답 칸 안에만 쓰십시오.
  글씨가 채점란으로 들어오면 오답처리가 됩니다.

전국한자능력검정시험 7급 답안지(1) (시험시간:50분)

번호	답안란 정답	채점란 1검	채점란 2검	번호	답안란 정답	채점란 1검	채점란 2검	번호	답안란 정답	채점란 1검	채점란 2검
1				12				23			
2				13				24			
3				14				25			
4				15				26			
5				16				27			
6				17				28			
7				18				29			
8				19				30			
9				20				31			
10				21				32			
11				22				33			

감독위원	채점위원(1)		채점위원(2)		채점위원(3)	
(서명)	(득점)	(서명)	(득점)	(서명)	(득점)	(서명)

※뒷면으로 이어짐

전국한자능력검정시험 7급 답안지(2)

번호	정답	1검	2검	번호	정답	1검	2검	번호	정답	1검	2검
34				47				60			
35				48				61			
36				49				62			
37				50				63			
38				51				64			
39				52				65			
40				53				66			
41				54				67			
42				55				68			
43				56				69			
44				57				70			
45				58							
46				59							

■ 사단법인 한국어문회　　　　　　　　　　　　　　　　　　　　7 0 1 ■

수험번호 □□□-□□-□□□□　　　　성명 □□□□□

생년월일 □□□□□□　※ 주민등록번호 앞 6자리 숫자를 기입하십시오.　※ 성명은 한글로 작성
　　　　　　　　　　　　　　　　　　　　　　　　　　　　　　　　※ 필기구는 검정색 볼펜만 가능

※ 답안지는 컴퓨터로 처리되므로 구기거나 더럽히지 마시고, 정답 칸 안에만 쓰십시오.
　글씨가 채점란으로 들어오면 오답처리가 됩니다.

전국한자능력검정시험 7급 답안지(1) (시험시간:50분)

번호	답안란 정답	채점란 1검	채점란 2검	번호	답안란 정답	채점란 1검	채점란 2검	번호	답안란 정답	채점란 1검	채점란 2검
1				12				23			
2				13				24			
3				14				25			
4				15				26			
5				16				27			
6				17				28			
7				18				29			
8				19				30			
9				20				31			
10				21				32			
11				22				33			

감독위원	채점위원(1)		채점위원(2)		채점위원(3)	
(서명)	(득점)	(서명)	(득점)	(서명)	(득점)	(서명)

※뒷면으로 이어짐

전국한자능력검정시험 7급 답안지(2)

번호	정답	1검	2검	번호	정답	1검	2검	번호	정답	1검	2검
34				47				60			
35				48				61			
36				49				62			
37				50				63			
38				51				64			
39				52				65			
40				53				66			
41				54				67			
42				55				68			
43				56				69			
44				57				70			
45				58							
46				59